镇馆之宝

华东博物馆

丁尧◎编著

北京大学出版社
PEKING UNIVERSITY PRESS

序 如何欣赏文物

历史时期遗留下来的具有文献、科学、艺术价值的东西可称为文物，文物又分为遗迹和遗物两部分，遗迹的体态巨大，如敦煌石窟、佛光寺之类，遗物则包含青铜器、陶瓷器、书画、碑刻等形态相对较小的器物。我们现在所说的文物专指文物中的遗物一类。

我国规定1840年以前属于历史时期，历史时期以后的文物就是近现代文物了。青铜器上的铭文中记载了可以与史书相印证的或记录了连史书也失载的历史事件，是我们了解当时史实的可靠资料，可以说青铜器物的历史价值极高；瓷器的胎釉经过现代科技检测可知其成分进而知道当时的工艺情况，当时的工艺或对现代工业有可资借鉴之处，这时文物的科技价值就显得突出了；当你面对一尊出自青州窖藏的石雕造像，其劲健又不失柔美的线条让你欲跪拜在佛的脚下，我想这是文物的艺术魅力带给你的绝妙审美体验。

欣赏文物，首先要分清器物的种类知道它的名称功用，其他的不外乎观察器物的形制、纹饰等几个方面。拿青铜器来说，一件鼎出现在你面前，脑子里应该认识到这是一件用来煮肉的炊食器；接下来看形制，鼎腹非圆即方，鼎的口沿上有两只桥型耳，方鼎四足圆鼎三足一般不会例外；形制看完再来看上面是否有纹饰，鼎一般在腹的口沿和足根部都铸造有兽面纹，有的鼎比较华丽通体铸满纹饰。通过对形制、纹饰等内容的观察，一件文物就初步欣赏完了，一般的器物都逃不开对这两方面的观察。当然对于珍贵文物的观察，往往还要多多留意其他方面。

上面说的文物欣赏观察方法是可为第一次迈进文物艺术殿堂的观众所掌握的，但对于文物专家来说，他们观察自然更为细致，其究竟对文物进行了怎样的观察以至于显得自己十分“高明”呢？简单讲，熟能生巧，长时期与文物接触，文物知识、眼力都在提高，经验值很高。我们拿书画来说，郎世宁是众所周知的清代宫廷画家，他擅长用西洋的光、笔法来描绘东方的题材，一轴郎世宁款聚瑞图在你前面展卷，图中冰裂纹花瓶里插着数种观赏鲜花，大家或许会称赞郎世宁画的花瓶像实物照片般真实，与传统画法仅仅用线条勾勒轮廓的表现技法截然不同，但文物专家的眼光是犀利的，他们会看“聚瑞图”三字是不是用类似于现在秀宋字体的文字书写——可信的郎世宁真迹中的书体都是类似秀宋的印刷体书写——而并非手书行体这点来做个初步判断，此外专家还会根据画中线条、用色、纸张、装裱等方面，结合自己掌握的知识并查找相关文献后，才会对这件聚瑞图是否确实出自郎世宁之手下一个综合性结论，或许文物专家的“高明”之处就在于经年累月积攒下的经验。

这套图书除了对文物进行赏析之外，并没有做其他详尽细致的考证。我相信读者通过阅读这几本小册子，一定会熟练掌握如何去欣赏或观察文物。

目录

上海市

江苏省

Contents

目录

CONTENTS

山东省

目录

CONTENTS

镇馆之宝

华东博物馆

上海市

Shang Hai

上海是个丰富的城市，有深厚的文化沉淀，阅读上海，就是阅读一本大书。上海是一座经济发达的城市，都说它是一个从小渔村发展起来的城市，其文明历程不过几百年的时光。但是近十几年来的考古发现却颠覆了这个说法，暂且不论上海志丹苑元代水闸遗址对研究宋元时期江南地区的水利工程、流域的历史变迁的科学价值，单是新石器时代“崧泽文化”以上海地名命名这件事情来说，就足以说明上海文明的筚路蓝缕。

上海博物馆位于有“上海零公里”之称的人民广场，是一座具有青铜巨鼎外观的中国古代艺术博物馆，除了展出十余个门类的珍贵馆藏外，还不定期推出重量级的国内外精品展览。上海本不是文物大省，这些来自收藏家捐赠、海关截留和收购等多个途径的百万件珍贵藏品，构成了上海博物馆文物收藏的“半壁江山”，藏品之丰富、质量之精湛，在国内外享有盛誉。其中，尤以体系完整且不乏重器的青铜器、陶瓷、书画收藏为馆藏特色。

上海博物馆还曾出现过几次观众为了看到一件文物真迹而不惜排几个小时大队的感人场景，这充分显示出观众的文化自觉性，从晋唐宋元书画国宝展里的《清明上河图》、书画经典展中的《平复帖》到中日书法珍品展上的

《丧乱帖》，在上海博物馆熙熙攘攘的大厅里，天天有几千人的队伍沿着四层楼梯，曲曲弯弯地“拗”成S形的长队，这是一种美丽文化景观。长队优雅，正勾画着这座城市市民对传统精品文化崇尚的图景。

其实，博物馆里陈列的文物实在是一点都不神秘。博物馆里的是艺术，街头的卖艺人同样也是艺术。这个世界就是一座超级巨大的博物馆，不仅有陈列，还上演着一幕幕鲜活的生活表演艺术。

上海博物馆

大克鼎

【西周中期　镇馆指数★★★★★】

上海博物馆的镇馆之宝首推西周时期的大克鼎。中国青铜器形制之恢硕，器类之繁多，纹饰之华丽，铸造技艺之精美，曾经翘楚于世界舞台。大克鼎于清光绪中叶，在陕西省扶风县法门寺镇任村发现。一户村民挖壕取土时，无意中在一座窖藏中发现了这件大鼎。所谓窖藏，就是当时的贵族出于妥善保存青铜器的需要，将它们挖洞埋藏至

【大克鼎】

家宅附近的厚土之中，以期在需要时或者战乱过后再取出使用。青铜是由铜、锡等化学元素组成的合金，在商周时期，常被铸造成各式各样不同用途的礼器和兵器。由于刚铸造出的青铜器呈现其原本的金黄色，不同于现在看到布满绿锈的样子，所以称其为“金”或“吉金”。

大克鼎与至今发现铭文字数最多的毛公鼎、记载西周立国之初重要法令的大盂鼎一起被誉为“海内三宝”。大克鼎高 93.1 厘米，口径 75.6 厘米，重 201.5 公斤，是西周著名的青铜器。从整体上看，此器腹壁厚实，方唇宽沿，形制厚重，鼎腹下垂稳重感极强，三只粗大的蹄足更平添其伟岸的风格，两只微微外侈的大耳，有向上拔挺之势，给端庄雄浑的巨鼎增加一丝活泼气息。鼎的颈部装饰有三组抽象的兽面纹。鼎的腹部有宽大的波曲纹带，恰似带状与环状纹饰的结合，状似上下翻腾的波浪，流动感极强，给庄严宝相的巨鼎增添几丝律动感觉。波曲纹的出现，无疑是青铜器纹饰的一大发展，也是西周时期人们审美观念的一大变化，波曲纹的出现打破了兽面纹的对称规律，摆脱了长期以来青铜器纹饰的静态装饰，以动态给人以活泼舒畅的感受。器两立耳两侧铸有相对的龙纹，三足的根部饰有突出的兽首。

【大克鼎】局部

大克鼎内壁铸有铭文290字，是西周金文书法艺术中的煌煌巨篇。铭文按照内容可分为上下两篇，上篇是克赞扬其祖师华父有先训的心地，宁静的性格和美好的品德，能够使得其君主有永固的山河，所以周王念其功绩，任命师华父的孙子克为出传王命，这段文字其实是克在赞颂师华父的功德，并感谢祖先的荫护。下篇铭文则详细记载了周王册命克的仪式。册命仪式是在宗周的穆庙中举行的，典礼官引导克进去宫廷，立于中庭，周王命尹氏册命克。在册命辞中周王重申了对克的任命，并赏赐以礼服、土地、奴隶、低级官吏和乐队。周王还命令克要日夜谨敬地执行自己的使命，而不能忘记了周王的命令，于是克叩首跪拜，称颂天子的美德，并铸造了这件鼎来祭祀师华父。这篇铭文历来被认为是研究西周宗法制度的重要史料。商周时期没有更多的文献流传下来，而金文书写的历史，作为珍贵的第一手文献，为我们打开了解当时社会的一扇窗户。

曾收藏这件重器的晚清重臣潘祖荫逝世后，其孙媳潘达于就挑起保护家藏文物的重担。大克鼎这件著名的稀世宝物被侵略者知道在潘家，曾经派人试探，说是愿意用六百两黄金外加洋房作交换，潘达于想起先祖曾叮嘱这些珍贵文物来之不易，要妥加保护，传给子孙后代，因此被潘达于一口回绝。抗战开始，潘家也卷入战乱。潘达于将国宝深埋于祖屋“三间头”内。在日本兵占领苏州城之后，潘家闯进七批日本强盗，一遍又一遍地搜查，财物损失不可计数，万幸的是埋藏的青铜器没有被发现，总算躲过了这场灾难，大克鼎保存下来。1949 年后，历尽磨难的大克鼎由潘达于捐赠给了上海市文物管理委员会，后来由上海博物馆作为镇馆之宝珍藏，一时传为美谈。

晋侯穌钟

【西周厉王　镇馆指数★★★★★】

在青铜馆展出的晋侯穌钟，是现今为数不多的一套完整的西周时期编钟。编钟是中国古代重要的打击乐器。编钟由若干个大小不同的钟有次序地悬挂在钟架上，编成一组或几组，双音钟能敲出两个音，敲击的音高各不相同。早在商代殷墟时期，我国就有了成组的编铙，不过那时多为三枚一套，可视作编钟的雏形。后来随着时代的发展，每套编钟的个数也不断增加，逐步演变成像晋侯穌钟这样 8

件一组，16件一套的用乐规制。在中国古代，编钟是上层社会专用的乐器，是等级和权力的象征。经考古发掘证实，两周前期编钟经常与编磬同时用于陪葬，只有天子、诸侯才能享用钟磬之乐，但到了东周晚期礼崩乐坏之时，大夫们也普遍地陪葬编钟了。编钟音乐清脆明亮，悠扬动听，能奏出歌唱一样的旋律，又有歌钟之称。

晋侯稣钟是我国64件禁止出国展出的文物之一，珍贵之处在于刻写在钟上面的铭文，编钟铭文完整地记载了周厉王三十三年正月八日，晋侯稣受王命伐夙夷的全过程：正月八日从宗周出发，二月二十二日到达从周，走了四十四天，次日即向东进军，然后走向攻击目标。周厉王亲自向晋侯稣下达命令：率领部队从多面发动攻击，消灭敌国，全面实施对夙夷的攻击。在消灭敌军后，所有夷人都被赶跑。周厉王又命令晋侯稣统率兵车追击逃亡敌人，斩首百又一十人，俘获二十人。厉王令班师回成周，亲自赏赐晋侯稣马驹四匹，掺有郁金汁的香酒一卣，弓一把，箭百枚。晋侯稣为了报答和颂扬天子的美德，铸作了这一套乐音和谐的编钟，把这战役过程和天子的恩宠翔实地记载在钟上。这段表现周厉王保卫国土，励精图治，擅长武功的记述，是当时的第一手珍贵资料，一改人们脑海中厉

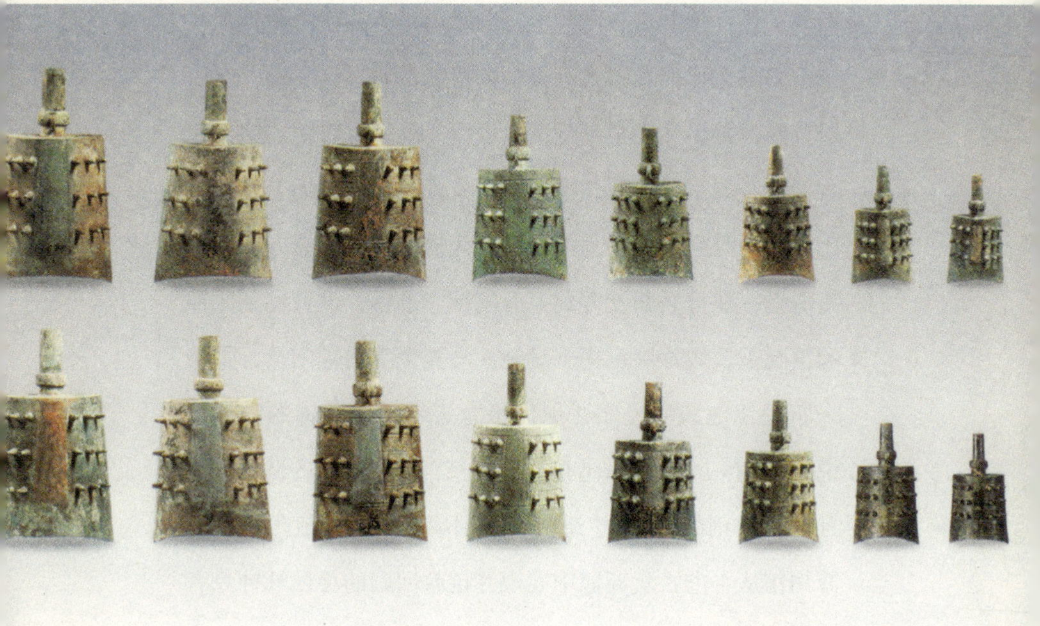

【晋侯稣钟】

王暴政昏庸的形象，真实反映当时的情况，让现在的人们了解历史人物的真实面貌，起到了补充历史文献的重要作用，其价值堪与传世的《春秋》等史书比肩。

晋侯稣钟的另外一个奇特之处在于它 355 字铭文全部都是用利器刻上的。这套编钟由盗墓者从墓葬中盗出后走私到香港，上海博物馆原馆长、青铜器专家马承源先生慧眼识宝，于 1992 年抢救回归祖国，个中经历颇具传奇色彩。在香港的古玩商肆中，据说包括台北故宫博物院和熟谙中国文化的日本人等很多购买者都看过这套钟，但由于晋侯稣钟铭文完全是刻凿上去，一反当时青铜器铭文完全靠铸造的工艺特征，没有一个人敢买，在市场上搁置了比较长的时间，最终马承源先生凭借他在青铜器方面的极高造诣，在仅凭朋友寄到上海的铭文摹本，没有见到原钟的情况下，毅然决定买下编钟。马先生事后被问及，是什么胆量让他毅然决然，顶住压力买下晋侯稣钟的呢，他说:“没有一个人胆敢造这样一套三百多字铭文的编钟，而且还是用刻的。”这才避免了我国珍贵文物的流失。上海博物馆从香港古玩商肆中发现并抢救回归的晋侯稣钟只有14件，并不符合当时的礼制，应该还缺2件。1993年初，在山西曲沃晋侯墓地M8中，发掘出土了残存的2件小编钟，形制与14件稣侯钟相同，大小和文字完全可以联缀起来，这就证实马承源先生从香港抢救回归的14件钟与山西曲沃县发掘出土的2件钟原出同墓，同时也证明了晋侯稣钟的真实性。

哥窑五足洗

【南宋　镇馆指数★★★★★】

宋代是中国瓷器发展的辉煌时期，不管是在种类、样式还是烧造工艺等方面，均处于巅峰时刻。哥窑是宋代五大名窑之一。上海博物馆收藏的哥窑五足洗，是一件用来涤浣毛笔的文房雅玩，可谓宋代哥窑传世至今的经典之作。传世哥窑器造型有瓶、炉、洗、盘、碗等；胎色有深褐、深灰、棕黄等；釉色有粉青、青灰、米黄各色，各不相同。这件洗的釉面开黑、黄两种颜色的开片。大开片呈黑褐色，小开片呈米黄色，两种纹片犹似"金丝铁线"纵横交织在一起。开片，原属工艺上处理不当，致使瓷器在出窑冷却时，胎和釉的膨胀系数相差过大而造成的釉面裂纹，这种由于烧造工艺上的缺陷而出现的"伤痕"，反而具有特异的纹饰效果，形成"传世哥窑"的重要特征。由于釉面流淌，在有些器物的口沿部位会出现脱釉现象，露出胎色，工匠为弥补脱釉，会在器足施以酱色釉，这样就形成了传世哥窑"紫口铁足"的重要特征。这些瓷器生产过程中的瑕疵，却被历代文人视为一种美，开一代风气，改变了国人几千年的审美习惯。

相传南宋时浙江龙泉有章氏二兄弟，皆擅于制瓷。章生一所制之器，胎质坚实，薄如蛋壳，釉层丰富饱满，釉色浓淡不一，精品专供御用 。因其为兄长，所制之器名“哥窑”。章生二作品则继承当地龙泉青瓷传统风格并有发展，着色葱翠，白胎厚釉，光泽柔和，滋润如玉，扣之如罄，极耐磨弄。因其为弟，所制之器名“弟窑”。又因其作品风格继承龙泉晋唐青器，又名“龙泉窑”。元人孔齐《静斋至正直记》中首次出现“哥哥洞窑”和“哥哥窑”的窑名，有人以为这就是现在所说的哥窑。但现在看来这种“哥窑”型青瓷与“传世哥窑”有颇多不同之处，在时代特征和制作方法上与“传世哥窑”有很大差别，所以传世哥窑并非出自浙江龙泉的窑炉之中。

哥窑的窑址迄今没有能够发现，使得哥窑成为五代名窑中唯一一个不知产地的窑口，是我国陶瓷史上的一大悬案。哥窑的名称，在宋人的记录中从来没有见到。最早提及“哥窑”并将它列为宋代名窑的记载，是明宣德三年(1428年)的《宣德鼎彝谱》，书里有:“内库所藏，柴、汝、官、哥、钧、定”的字句。这个哥窑的品名，究竟是指什么，现在无法做出判断。哥窑的真相到底为何，恐怕要等有朝一日窑址面世，才能得到定论。上海博物馆收藏的哥

【哥窑五足洗】

窑五足洗，造型别致，为传世哥窑器中十分罕见的品种，制作极为精美，是一件稀世珍品。

雍正官窑粉彩蝠桃纹橄榄瓶

【清　镇馆指数★★★★☆】

粉彩瓷器是初创于清代康熙晚期，盛行于雍正和乾隆时期的一种软彩瓷，是景德镇窑四大传统名瓷之一，其中清代雍正时期的官窑粉彩瓷器足以代表整个清代粉彩的制作水平。上海博物馆收藏的粉彩蝠桃纹橄榄瓶正是雍正时期的粉彩瓷器精品。这件粉彩瓶瓶身形似橄榄，造型线条十分优美，是当时的宫廷新创形制。瓶体上画有粉彩八颗桃子，二只蝙蝠在桃子中间飞舞。桃子象征着“长寿”，“蝠”为“福”的谐音。这种以蝠桃为题材的吉祥图案常见于雍正及乾隆两朝的官窑瓷器，多为帝王后妃做寿之用。寿桃果实丰腴，甘美欲滴；蝙蝠翻飞，嬉闹成趣，一派生趣盎然的景象。其中寿桃和叶的画法很有特色，寿桃从果实底部到顶端，颜色由淡青渐变至桃红，过渡自然；叶则以深浅浓淡不同层次的绿色来表现叶子的阴阳向背，

由此充分显示了雍正粉彩的精湛技艺，及柔和细腻、粉润秀雅的艺术风格，以及善于表现形象质感的工艺特色。除却这些，作品的其他部位均为留白，不再添加任何多余的色彩，这与雍正一朝瓷器共有的雅致、书卷气是一致的。传世雍正官窑粉彩器上画蝠桃纹样的多为大、小盘子，见于橄榄瓶的极为罕见，而粉彩蝠桃图案的橄榄瓶更是仅此一件，堪称绝世宝瓶。

这只粉彩瓶原由美国外交大使理事会原主席奥格登·里德家族收藏，在其母亲家的客厅里长期被作为灯座使用。为加强器物的稳定性，他们还在瓶内放入了后花园里夹着狗粪的泥沙。对于花瓶的来历，里德已无法说清。另据推测，这件稀世珍品有可能是当年英法联军从中国抢走的文物。多年来这件珍品一直被视为普通的摆设品，没有人知道它的价值。后来，这家人打算把祖父及父亲留下来的一批古董出售时，拍卖行的专家无意中发现了这个沾满尘埃的稀世珍宝。

“这件瓷瓶是中国的。当时在拍卖现场，我就下决心一定要把它买下来，不能再让它流出去了。”——张永珍在上海博物馆清雍正粉彩蝠桃纹橄榄瓶捐赠仪式上说道。张永珍与清雍正粉彩蝠桃纹橄榄瓶结缘，其实很偶然。当时，她正在回香港的飞机上，无聊之际看到拍卖的消息，这件漂亮的粉彩瓶瓶身呈橄榄式，造型线条十分优美，她一眼就看上了这件清雍正粉彩蝠桃纹橄榄瓶。2002年5月，经过激烈竞争，张永珍女士在香港苏富比拍卖行以4150万元港币竞拍得到这件瓷瓶，当时创下了有史以来清代瓷器拍卖的最高记录。在张永珍看来，“花瓶终于又回到了中国人手里，真的好开心”。因为心疼和喜爱，张永珍拍下宝瓶，让它在漂泊百年之后重新回到中国人手中。同时，为了宝瓶不再漂流，让更多的人看到宝瓶的美好，最终张女士决定将这件橄榄瓶捐赠给上海博物馆。

现在，这件雍正朝景德镇官窑烧制的粉彩蝠桃纹橄榄瓶，就静静地陈列在上海博物馆二楼陶瓷馆里，宝瓶洁净的胎体，莹润的釉色，秀丽精美的造型，吸引了众多观众驻足观赏。

王羲之上虞帖卷

【东晋　镇馆指数★★★★☆】

谈论中国古代书法史，王羲之无疑是必谈的名家。他的书法风格被人们视为正宗，引导了我国几千年的书法风范。但现在距离王羲之生活的东晋，已经一千六百余年过去了，俗话说“纸千年，绢八百”，他的书法真迹现今已然不存。值得庆幸的是，由于唐太宗偏爱王羲之书法，他就命令当时的书法家用几近透明的纸覆盖在真迹上，先用细笔钩勒其原字笔画，然后再以墨笔填充的办法，保存下了当年王羲之真迹的面貌。唐人双钩填墨的水平极高，精益求精，不肯苟且。唐代摹本历来被人们认为，是最能够忠实反映真迹面貌的复制品或副本，因为它不但能够把细如发丝的笔迹按原样临写，而且就连真迹上的虫损火烧痕迹也摹榻下来，字形间架、章法布局都不会出现大的变化，可谓“下真迹一等”。上海博物馆收藏的王羲之的《上虞帖》就是王羲之书法中，至今传世的罕见的十几件唐摹本中的一件，足见其珍贵。

王羲之，字逸少，琅琊临沂（今山东临沂）人，移居会稽山阴（今浙江绍兴），生于西晋惠帝太安二年

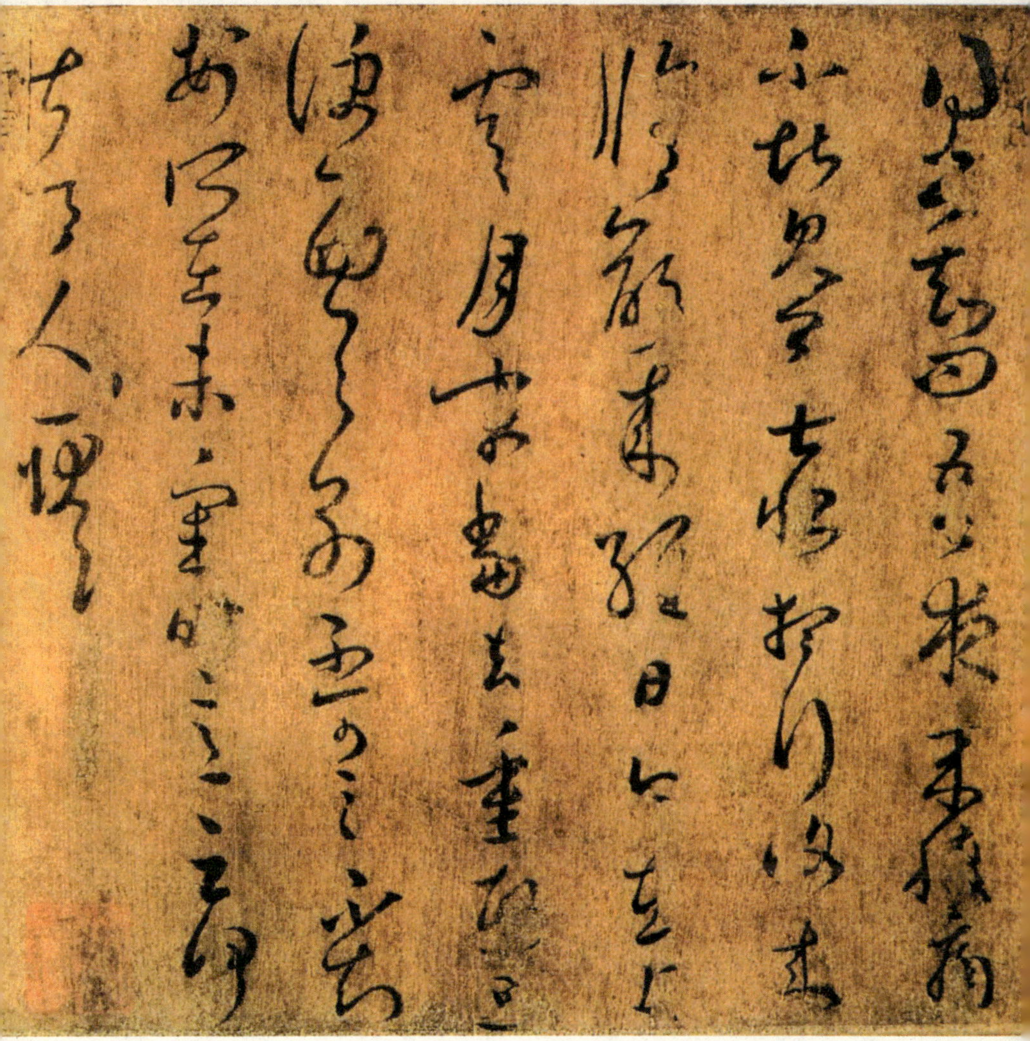

【王羲之上虞帖卷】局部

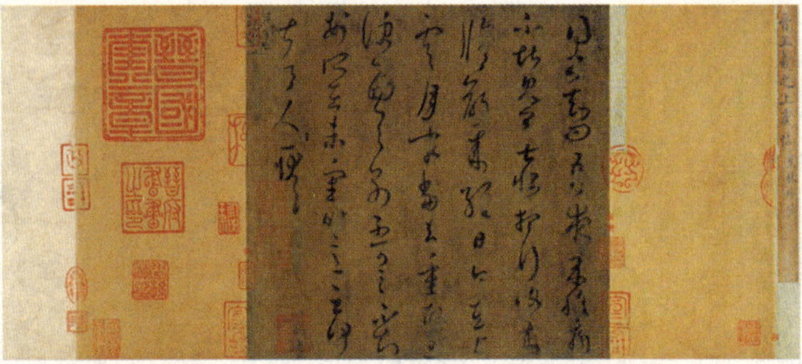

【王羲之上虞帖卷】

（303 年），卒于东晋穆帝升平五年（361 年）。曾官至右军将军，世称王右军。博取众长，增损古法，精研体势，创立妍美流便的行草体。为历代学书者所崇尚，尊之为“书圣”，载誉千年。《上虞帖》草书而就，共 7 行 58 字。全文为：“得书知问。吾夜来腹痛，不堪见卿，甚恨。想行复来。修龄来经日，今在上虞。月末当去。重熙旦便面。与别不可言。不知安所在。未审时意云何，甚令人耿耿。”是说王羲之因为肚痛，不能见王胡之、郗昙、谢安等朋友，由于帖中有“今在上虞”四字，遂名为“上虞帖”。此帖笔力清劲，气韵流畅，点划精到，风格遒美。体现出王羲之中年以后草书的风貌。帖前，有宋徽宗赵佶瘦金书“晋王羲之上虞帖”题签。

《上虞帖》在最初发现时有人提出异议：纸本字迹模

糊难辨，且无一印章，很难证明是王羲之的唐摹本。专家认为根据宋代著录，这件书法作品曾经宋徽宗御览，上钤有唐代“内合同印”一方，如果找到这方印，应该是作为判定唐摹本的有力依据，可现在寻遍帖上都不见此印。著名书画鉴定家谢稚柳先生拿到此帖后细心辨察，凭借多年经验，发现原件上有两处黑斑必定是印迹。随后，一位经验丰富的装裱师傅先在画上盖上一层厚纸，浇上特制的药水，然后又倒上酒精，划燃了一根火柴，顿时画上燃起了火焰，一旁的围观者不禁大惊失色。而装裱师却仍然十分淡定，待到火熄之后，清除画上的纸烬一看，显露出来的正是那方“内合同印”。于是，《上虞帖》是否为唐代摹本的问题迎刃而解。这样，《上虞帖》卷就被作为珍贵的王羲之书法唐摹本，永远珍藏在上海博物馆里。

孙位高逸图卷

【唐　镇馆指数★★★★★】

唐代距今年代久远，历经数次战乱、天灾等自然力的无情破坏，画作能保留至今实为不易。历经劫难而流

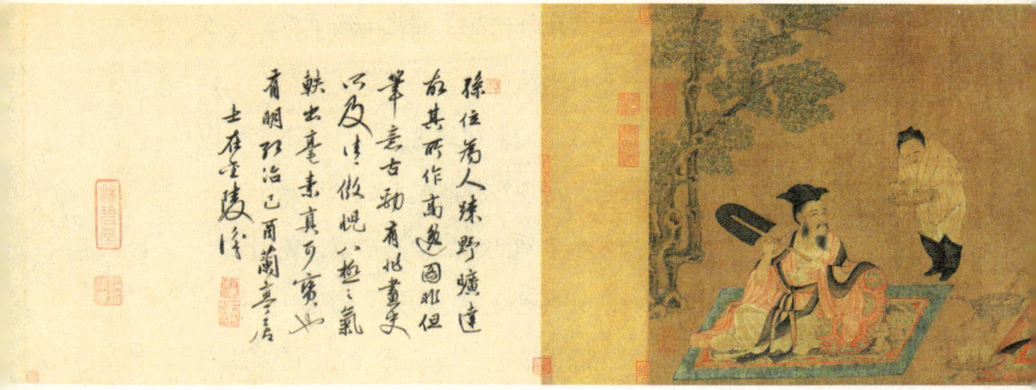

传至今的唐代绘画真迹，基本上都是稀世之珍，具有极高的艺术价值和历史价值。保存至今的唐画仅十余件，上海博物馆就收藏有一件唐代人物画精品，这就是孙位的《高逸图》卷。

五代宋初的著名鉴赏家黄休复在他的《益州名画录》中，将蜀地的画家按艺术水平的高低分为“逸、神、妙、能”四格，他认为要达到“逸格”水准是最难的，被他推崇为“逸格”的画家唯有孙位一人。传世唐代绘画极少，孙位作品更少。据《宣和画谱》记载，宋时内府藏有 26 件，而流传至今，仅此 1 件。孙位是浙江绍兴人，自号会稽山人。以善画龙水、释道人物和松石墨竹著称于世。

【孙位高逸图卷】

“高逸”指的是魏晋之时的一种风度。嵇康、阮籍、山涛、向秀、阮咸、王戎、刘伶此七人，相与友善，游于竹林，高谈阔论，有“竹林七贤”之称，此图正是描绘“竹林七贤”从虚无缥缈的神仙境界中去寻找精神寄托，用清谈、饮酒、佯狂等形式来排遣苦闷心情的早期佳构。但图中仅存四人，经查可知此卷在北宋时已经残缺，现今仅存山涛、王戎、刘伶、阮籍四人。整个画面，以四个士大夫为主体，他们分坐于华美的花毯上，在他们旁边或身后，各有侍者一人。图右第一人为山涛，体态丰腴，袒身披襟，倚着绮丽的花垫，抱膝凝视，一副放诞傲慢的样子。在他的身旁，摆着精美的酒具，侍者手把一琴，略带倦容。第二人是王戎，踝足盘坐，右手拿如意，左腕懒洋洋地搁在右手上。凝神静观，若有所思。前置卷帙掩而未展，侍者捧卷帙立于其旁。第三人刘伶在“七贤”中以饮酒出名，满面鬓须，双手捧杯，回头作欲吐之状，侍者捧唾壶，跪而相接，应该是表现其醉酒后漱口的场景。第四人阮籍，手执尘尾，面带笑容，一副自得其乐、优哉悠哉的神态。侍者手托酒器，躬身听命。此画构图采取树石与人物相间隔，次要人物与主要人物相衬托的手法，主要人物既能突出，又将各个人物的动作情态统一于和谐的环境之中。画家通过娴熟高超的技术，出色地刻划了魏晋士大夫的精神气质。《高逸图》卷完成于我国古代人物画最有成就的时期，是释道画以及唐代世俗人物画的杰出典范。

【孙位高逸图卷】局部

镇馆之宝

华东博物馆

江苏省

Jiang Su

江苏地区和古老的黄河流域一样，也是中华民族诞生的摇篮之一。从远古时代起，在江苏这土地上就有人类劳动、生息、繁衍。考古发现表明，在距今四五十万年以前，江苏境内就生活着丹徒高资猿人；在距今四万至一万年前，远古居民的足迹遍及大江南北的许多地方。距今六七千年前，北自淮河流域，南至太湖的广大区域，分布着许多原始的氏族部落，江苏境内古人类创造的文化位居当时其他地区的前列。

文物古迹是历史文化的重要载体，是历史在它某一瞬间的凝固，通过对这些无数凝固点的审视和阅读，可以把握住历史的脉搏，聆听到历史的脚步声，欣赏到历史在它“流动”行程中的美妙韵律。江苏地处长江下游冲积平原，长江、淮河两大水系在此入海，暖温亚热带气候使这里四季分明，土地肥沃，山川秀美。宜人的地理气候条件，使这里留下了许多人类祖先的足迹，留下了历代先人们创造的灿烂文化。文物与文献在共同记载着历史，文物的记载更为直观生动。江苏地面文物古迹丰富，类别众多，它们似一个个历史的见证人，在无声地叙述着江苏文明发展史的进程，竞相展现出江苏大地在中华文明发展史上的重要地位。

治水建城，只是让江南涵养水乡文化的外部条件。而经济的繁荣，才是江南精致柔美水乡文化的最重要支撑。至隋唐以后，苏南平原逐渐成为中国最富裕的地方。到了宋代，江苏地区已经是全国经济中心之一，农业经济的发达，有“苏湖熟天下足”之称，而明清两代则是中国的税负重地，朝廷的衣食之源。高度发达的农业经济，确保了文化的持续发展，这里的人在富足的生活状态下，更勤于追求精致、完善、柔和的文化价值，自成体系，也更易于希望保守和稳定状态。苏州的丝绸、雕刻、昆曲都表现出这样的倾向。

南京博物院

错银铜牛灯

【东汉　镇馆指数★★★★☆】

人们为了便于在晚上进行正常活动，就需要照明设备。专门用于照明的设备，最早的大概是火炬了。《诗经·小雅·庭燎》中说："夜如何其？夜未央，庭燎之光。"许慎《说文》："烛，庭燎大烛也"说明庭燎燃的是"烛"。《礼记·曲礼》上又说："烛不见跋。"疏云："古者未有葛烛，唯呼火炬为烛也。"由此可见，周人所谓之烛，不过是

用松枝竹苇等材料制作的火炬而已，亦即“松明”之类的东西。

根据文献资料及考古发现，我国灯具使用大约始于战国时期。考古实物有成都羊子山 M172 战国晚期墓出土的高足灯，河北平山战国中晚期中山王墓出土的银首人俑灯及十五连盏灯等。但就当时整个社会来说，灯具的使用尚不普遍。长沙仰天湖、长治分水岭，易县燕下都等地发掘总数上万座的战国墓，均未发现过灯具。

灯具开始普遍使用是在汉代。根据考古出土的实物来看，汉代灯具以陶质的最多，铜质的比较常见，偶尔也有铁灯。一般平民多使用陶灯，而铜灯则多为贵族阶层使用，其制作也往往比较精致。

汉代的铜灯以盘形灯最为常见，这类灯多呈高柄、圈足、豆形，且往往自铭为“铜灯”。灯座作雁足形的叫“雁足灯”。此外还有各种模仿动物和人物形象的造型灯，如河北满城汉墓出土的羊尊灯、朱雀灯、俑座灯均是。由铭文可知，“镫”和“锭”可以通用，与“灯”为同义字。

这里介绍的是另一类汉代铜灯，叫做“虹烛灯”。这种灯在结构上的特点是，整个灯是由灯座、灯盏、罩板和罩盖四部分组合装配而成。灯座是一个中空的容器，灯盏是一带柄的圈足圆盘，圈足套接在灯座的圆口之上。盏内置两片可以沿灯盏内缘转动的半圆形铜罩板，既能挡风，又可以用来调节光线的亮度和照射的方向。罩盖往往作覆碗形，扣合在罩板之上。盖顶有烟管，屈曲与灯座上部伸出的短管相套接。当灯火点燃时，烟炱即可通过烟管溶于灯座腹内的水里，从而可以保持室内空气的清新，免受污染。由于整个灯的各个部分可分可合，因此使用和擦拭清洗都十分方便。

虹烛灯的名称来自《博古图》卷十八收录的“王氏虹烛灯”的自铭。南京大学收藏的一件这类灯具，在灯体上有“闵翁主铜釭展一具”八字铭文，可知这类铜灯，又可名之为釭灯。江淹《别赋》中有：“冬釭凝兮夜何长”句，应即指此。

“虹烛灯”或“釭灯”的制作工艺，一般都特别精致。这件错银铜牛灯，更是这类铜灯中的佼佼者。其灯座为一俯首挺立的黄牛，体态端庄雄伟，各部比例匀称，腹中空。背负灯盏，盏内置两片可以转动的罩板，其中一片有菱形格状镂孔和小环。罩板上扣穹顶形罩盖盖顶有弯曲的烟管与牛头顶凸出的短管相套接。全灯通高46厘米，长36.4厘米。这件牛灯不仅造型优美别致，而且通体还饰有精致的错银纹饰。纹饰主要以云纹、三角云纹、螺旋纹组成的图案为地，杂以龙、凤、虎、鹿及各种神怪异兽等形象。构图精妙奇特，神态生动自然，可称得上是一件精绝的工艺杰作，堪与河北满城窦绾墓出土的长信宫灯相媲美。

这件铜牛灯是1980年5月，在江苏省邗江县甘泉镇一座东汉初年墓内出土的。根据该墓出土有“山阴邸”铭文的雁足灯和“广陵王玺”金印，可以判定墓主人即应为东汉初年广陵王刘荆，因此用如此绚丽而贵重的错银铜牛灯随葬，是与墓主人的身份十分相符的。

金兽

【战国　镇馆指数★★★★★】

1982年正月初七，马湖店村农民万以全在挖水渠时一锹下去，发现一个闪闪发光的金兽。这只金兽重达9100克，含金量达99%，通高10.2厘米，身长16厘米，身宽17.8厘米，空腹、厚壁，浇铸成形，是目前全国考古发现的金器中最重的一件金器。金兽下盖着一个精美奇特的铜壶，

【金兽】

壶内装满了金器，其中 9 块半金饼重达 2864 克，15 块马蹄金、麟趾金重达 4845 克，11 块金版“郢爰”重达 3260 克。黄金总重量超过 20 千克。万以全把这些珍宝捐给了国家，并用所获的 5000 元奖励修补了被争抢“分金”的村民挤坏的房屋。

金兽是最重的一件金器，呈蜷伏状，头枕伏于前腿之上，屈腰团身，首靠前膝，耳贴脑门两侧，头大、尾长、身短而粗壮，似虎更类豹。附耳瞪目，张口露齿，神态警觉，颈部戴三轮项圈，头顶有一环纽，通体锤饰圆形斑纹是在兽体铸成后再捶击上去的，大小相当，呈不规则的圆形，十分精美。底座空凹，内壁刻有小篆“黄六”二字，为秦汉文字。“黄”指质地为黄金，“六”为序数。通常所见的金器大都是捶击而成，而金兽却是古代金属铸造工艺和金器捶击工艺这两种技法完美结合的产物，实属罕见，弥足珍贵。

金兽究竟是什么动物至今仍没有一致的看法。有人认为是老虎、有人认为是狮子、有人认为是豹子。从其造型来看，应该更加接近豹子。从与金兽、青铜圆壶共出的麟趾金，以及金兽的造型及其文字等看来，其窖藏的最后入藏年代在西汉时期。但究竟是谁将它们匆匆掩埋依然无从得知。

金兽出土后，曾有人据兽背上有一环形钮，把它断为权器，即所谓“秤蛇”。其实不然。权器，亦即衡器。就目前考古发现而言，最早的衡器实物为战国时期的楚国珐码，皆为铜制，由大小一套组成，都为圆环形，但权的出现似以秦权为最早，已见的有铜权、铁权、石权，皆作扁圆形体，上端有钮，可系绳，且往往在权的两侧镌刻秦始皇廿一年(前220年)或秦二世元年(前209年)诏书铭文，至今未见一以兽为造型的权器实物出土；至于背上的钮，是作为提携方便之用，与权上的钮毫无关系。从文献记载和出上实物来证明，这件金豹的用途应是“镇”。镇，在我国古代至少有两种用处。一是用来压席子角的。古人习惯席地而坐，地上往往铺上席子(当时都为丝织品)，为了避免由于起身落坐时折卷席角，遂于其四隅放置镇。如汉邹阳《酒赋》中所说：“安广坐，列雕屏，消绮为席，犀球为镇。”考古中屡有发现，通常以四个为一套。另一是博具的压邪之器，如《说文》所说的：“镇，博压也”，有江苏高邮神居山二号西汉墓中与六博具一块出土为证，亦为四个一套。但亦有成对出土的。大多数以铜制(或玺金)成动物形，常见的有虎、豹、辟邪、羊、鹿等；所谓“神兽”一类吉祥物，其中尤以虎豹为最多。为了保持器体的半球形状，这些动物常采取盘踞姿势。宋玉《楚辞·招魂》

中有“虎豹九关，啄害下人些”句，说虎豹是守卫九关的神兽。长沙马王堆一号西汉墓出土的帛画非衣上，亦绘有虎豹守天门的图像。这件金豹无疑亦有这种意义。把它作为镇魔压邪之用，生前将它置在房里，或府库里为镇房、镇库兽，死后带入坟墓里为镇墓兽。

广陵王玺金印

【西汉　镇馆指数★★★★☆】

上世纪八十年代初，在江苏扬州邗江甘泉乡出土了一方罕见的汉代诸侯王印——广陵王玺。此印系纯金铸造而成，制作精工，光灿如新。印台面呈方形，上有龟钮。印面印刻篆文“广陵王玺”四字，字体端庄凝重，刀法遒劲老练。龟钮的背上铸有六角形图案组成的龟背纹。龟甲的周缘、双眼、四肢等部位，均錾刻有小圆圈形的花纹——俗称鱼子纹。印面长为 2.372 厘米、宽为 2.375 厘米、台高 0.945 厘米，钮通高 2.121 厘米，重 122.87 克。

该金印是农民陶秀华在挖取碎砖铺路时偶然在 1980 年发掘的甘泉二号汉墓的杂土乱砖中发现的，这座墓早年

【广陵王玺金印】

被盗，盗洞内填土中偶尔夹杂小件文物。1980 年南京博物院清理这座残墓时，仍清理出不少具有历史和艺术价值的珍贵遗物。其中有一件铜雁足灯，其底盘周缘上的铭文，为判断这方金印的主人，提供了重要的实物依据。据《后汉书》等史书记载，东汉光武帝刘秀之子刘荆于建武十七年（公元 41 年）被封为山阳王，明帝永平元年（公元 58 年）又被徙封为广陵王，因此这方金印的主人可以肯定就是由山阳王徙封为广陵王的刘荆。

汉代诸侯王金印，以往仅见于文献记载。广陵王玺是迄今为止发现的唯一一枚汉代诸侯王金印。《后汉书·舆服志》徐广注云：“太子及诸侯王金印、龟钮、朱绶。”广陵王玺确为龟钮金印，与徐广所记的东汉印制完全相符。

以往篆刻家多认为纯金质地过软，不适于雕刻，“必渗以铜，方能成印”。日本学者也说：“雕刻金印的技术非常困难，在现在日本连一个人也找不出来。”而“广陵王玺”四字却明显是用刀刻成的。推测是用及其锋利的薄刃钢刀，沿长笔画的边缘，以双刀正入，而后用宽 1 毫米左右的平头小刀在笔画两端錾平，再剔清笔画。这种刀刻金印的技法，为研究我国篆刻史提供了新资料。

“汉委奴国王”金印是 1784 年，在日本福冈东郊志贺岛上发现的。印台呈方形，上有蛇钮，钮上满錾鱼子纹，印面阴刻篆文“汉委奴国王”五字。此印发现后即有不少学者撰文，认为这颗金印可能即是建武中元二年光武帝赐给日本使节之物。然而对此看法持异议者亦不乏人，特别是在第二次世界大战近几十年来，不断有人著文表示不同看法。其中最主要的就是“私印说”。所谓“私印说”就是认为“汉委奴国王”印不是东汉王朝赐给的，而是当地统治者自己铸造的“私印”。这个历史悬案直到“广陵王玺”出土后，才算真正得到解决。这主要是因为两枚金印有着惊人的相似之处，在金印的尺寸、纹饰和錾刻手法上都有共同的特征，这些显然不是巧合的特点足以证明，“汉委奴国王”金印确是汉王朝赐给日本的真品无疑。

鎏金镶嵌兽形铜盒砚

【东汉　镇馆指数★★★★★】

砚是我国一种颇具特色的传统文书工具，在我国数千年的文明史上，砚与笔、墨、纸配合使用，成为文人著书、绘画必备工具，曾经对传统文化、促进社会的发展，起过重要的作用。根据近年来的考古实物分析，专家们认为，西安半坡和江苏邳县大墩子等新石器时代遗址中，所出土的各种陶器上之彩绘纹饰，颜色细腻鲜艳，线条挺拔流畅，说明当时可能已经有了研磨自然矿物颜料的砚盘与绘写花纹的“毛笔”。当然，这些尚需实物出土来证明。现存最早的石砚，应该算是1975年湖北云梦睡虎地秦墓中所见的一块，它与木牍、墨同时发现，证明战国末期已有定型专作研磨用的砚，当是毋庸置疑的事实了。但这块石砚和砚石，均为鹅卵石原形略经加工而制成，表明最初石砚重实用，工艺水平并不十分讲究。稍后，汉代的石砚，不仅出土数量多，而且工艺水平比较讲究。目前所见汉代的石砚，形式有长方形、圆形、椭圆形等数种，讲究的石砚还另外制有砚盒装置。砚盒的作用，既可以保护石砚表面光洁和安全，又能使石砚更加美观，富有装饰意义。这种砚盒，在汉代宝物中并不多见，在材质上，除这件鎏金镶嵌兽形铜盒砚外，还有《东观旧事》中说的“晋太子初拜，有漆砚一枚。”和《魏武上杂物疏》中说的：“与无忧纯银参带圆砚、大小各一枚。”这里所指的“漆砚”和“纯银参带圆砚”都是或漆、或银的砚盒，但至今没有实物可证明，而且记载年代比这件鎏金镶嵌兽形铜盒砚要晚一二百年。

这件鎏金镶嵌兽形铜盒砚是1970年江苏徐州市土山一号东汉墓出土的，同出的其他遗物，除死者殓服银缕玉衣外，还有铜、银、陶、漆器皿，以及玉石珠饰等百余件，并根据墓室规模黄肠题凑结构等分析，死者很可能是当时分封在这里的某代彭城王或其家族的墓葬。这件鎏金镶嵌兽形铜盒砚的造型突出表现在，它整体呈兽形，作伏地状。高10.5厘米，长25厘米，宽14.8厘米。腹微鼓，并以此为界，分上下两部分，上部为盖，包括从颈部的上颌、背以及尾部；下部为底座，包括从头部的下颌，腹及腹下四足。它雕刻洗练，形象生动，既有写实手法，又有夸张神话色彩。头上双目呈三角形，两眉突起，眉上有双角，目、眉、角内刻疣；背上脊椎骨刻画清晰，末端有一卷曲的小尾；张口，露齿，下颌内侧凹槽较深，为贮水

【鎏金镶嵌兽形铜盒砚】

之处；通体鎏金，并镶嵌红珊瑚、青金石、绿松石等做点缀，背部布置尤其细密，多种颜色相间，十分悦目，使整个形象格外华丽。此外，在背部中心处设一桥形钮，可以系绳，便于使用时揭开盖子。

此件铜砚的形状是一头怪兽，该兽像是蟾蜍，但又不是，它头生角，身添双翼，后有短尾。据考古研究发现，如此造型当为汉代求仙思想的反映。史书上就载汉武帝求仙的故事，他在迷信鬼神，东海求仙长生方面，甚至超过了秦始皇。上行下效，人们塑造神兽灵物，意在辟邪降福。

竹林七贤砖画

【南朝　镇馆指数★★★★★】

上起三国曹魏，中历西晋、东晋、十六国，下迄南北朝至隋统一，这一时期多战乱，国土长期分裂，朝代频繁更迭，士族地主的统治极端腐朽，阶级矛盾与民族矛盾十分尖锐。但另一方面，儒家名教失去它原有的维系人心的力量，外来的佛教在中国获得广泛传播和狂热信仰。处在纷争不息、动荡不安的社会之中的士人阶层，由于普遍对现实世界感到绝望，他们寻求各种精神寄托，还有一部分人则沉湎于艺术的创作、鉴赏和品评等活动。

汉画像石、画像砖始于西汉的画像石和画像砖，随着厚葬之风愈演愈烈，到了东汉则更为盛行。雕刻于石料表面的装饰性图像，其雕刻手法的运用基于图像的绘画特点，叫画像石，在砖头模子上刻画后再压成砖坯烧制出来的则叫画像砖，是主要用于坟墓前祠堂、墓室及石阙等墓葬建筑的装饰性图像石刻和图像砖。

在南京西擅桥附近齐、宋后期的大墓、丹阳建山齐废帝陵、丹阳胡桥齐景帝陵墓内均出土有《竹林七贤与荣启期》砖画，其人物形象、构图、风格基本相同，只是人物

【竹林七贤砖画】局部

排列顺序和某些细节与题字略有差异，其中，西擅桥出土的砖画在所有这些砖画中是艺术水平最高的。

《竹林七贤与荣启期》模印砖画由 200 多块古墓砖组成，分为两幅，嵇康、阮籍、山涛、王戎 4 人占一幅，向秀、刘伶、阮咸、荣启期 4 人占一幅。人物之间以银杏、松槐、垂柳相隔。8 人均席地而坐，但各呈现出一种最能体现个性的姿态，士族知识分子自由清高的理想人格在这块画像砖上得到了充分地表现。我们结合“竹林七贤”和

阮咸

荣启期的个性特征来看砖画中的人物。嵇康为“七贤”之首，是一个豁达而有文采的人物。据文献记载，嵇康“博综伎艺，于丝竹特妙”，且常“弹琴咏诗，自足于怀”。砖画中的嵇康正在抚琴，微微扬头举眉，有“手挥五弦，目送归鸿”的神情，给人一种旁若无人之感。阮籍是一个不拘小节的人，喜好饮酒，且“嗜酒能啸”，就像我们今天所说的把手指放在嘴里吹口哨一样。在“七贤”中，有“嵇琴阮啸”之说。这块砖画中的阮籍侧身用口作长啸之状，很显然一幅嗫嚅忘形的样子。

《山涛传》中对山涛有“饮酒至八斗方醉”的记录，可见山涛也是一个酒鬼。在这幅砖画中，山涛手执一酒碗，典型一个嗜酒如命的文士。王戎为人直率，不修威仪。此砖画中的王戎手舞如意，并配以钱箱、赤腿，姿态懒散悠闲，自得其乐。据文献记载，向秀“雅好老庄之学，庄周著内外数十篇……秀乃为之隐解，读之者超然心悟，莫不自足一时也”，可见他是一个十足的道学家。砖画中的向秀闭目倚树，似乎在对玄理深思。刘伶嗜酒如命，“止则操卮执觚，动则契盍提壶”，大杯小盅，来者不辞。砖画中的他手持耳杯斟酒，一副醉意朦胧之态。阮咸通音律，擅弹琵琶，当然，这里的“琵琶”与现在的琵琶不同，它是一种被称为“阮”的弹拨乐器，相传这种乐器就是由阮咸发明的，有人把这种乐器叫做月琴。画中阮咸挽袖拨阮，完全沉浸在音乐之中。

荣启期是春秋时代人，至于为何把荣启期和竹林七贤放在一起，可能是因为其思想与“竹林七贤”有相通之处吧。除了绘画构图上对称的需要外，更有以荣启期为“七贤”之楷模的寓意。画中的荣启期，端坐向前，鼓琴而歌，似乎在向学生们讲学，神态威严，的确有点楷模形象。

从绘画风格上看，砖画中人物的衣褶线条圆润灵动，造型严谨准确，绝非一般画工所为，与顾恺之的《列女仁智图》中的人物形象和用笔习性倒是很接近，砖画中的银杏和垂柳等树的形象和表现手法又和顾恺之《洛神赋图》中的背景相同，而且，唐代张彦远的《历代名画记》中还曾提到过：顾恺之曾画阮咸与“古贤”荣启期像，所以，这幅《竹林七贤和荣启期》砖画原稿有可能出自顾恺之之手，但也有一些学者认为，这幅砖画稿本有可能是南北朝时期的陆探微所为。《竹林七贤和荣启期》砖画的原作者不论是顾恺之还是陆探微，都为研究魏晋南北朝时期的绘画提供了可靠而翔实的资料，因此备受美术史界的高度重视。

鎏金喇嘛塔

【明　镇馆指数★★★★☆】

1956年7月14日，几个青年游览南京著名风景区牛首山时，在明代重建的宏觉寺塔塔基发现了地宫。经南京博物馆派人前去清理，发现了包括这座鎏金喇嘛塔在内的十几件文物。

这座鎏金塔通高32.7厘米，宽19.3厘米，造型庄重典雅，通体鎏金，光泽耀眼，是一件珍贵的艺术品。这种喇嘛塔一般可分为塔基、塔身、塔刹三个部分。该塔塔基为双重须弥座，上小下大，增加了基座的稳定感，平面呈十字折角形。由于各面向内两折，立面呈亚字形，上面饰有三钴杵、仰覆莲、乳钉纹和连珠纹，显得十分华丽。下枋的正面和后面各有一行铭文，前为“金陵牛首山弘觉禅寺永充供养”13字，后为“佛弟子御用监太监李福善奉施”13字。御用监始设于明初，故此件文物可以判定为明代遗物。塔身为一肥矮饱满的覆钵，下部收分不甚明显，四面开有称作“眼光门”火焰形的券龛，使单调的塔肚子显得俊俏了许多。塔刹部分较为复杂，可分为四部分：与覆钵相接的是十字折角形须弥座装的塔脖子，上部雕仰覆

莲瓣；其上是相轮，为一上细下粗的圆锥体，上刻十三道环形弦纹以象十三天，两侧各有一个捧钵服侍菩萨，头戴五叶火焰珠形宝冠，足踏祥云，姿态飘逸；相轮顶部覆盖圆形的宝盖，是一个垂有流苏的铜盘，上面镂刻兽面、火焰珠、连珠等纹饰，玲珑剔透，精巧别致；盘上拖着的是刹顶——通常是宝珠或小塔，这里是一座简化的小型喇嘛塔。此塔覆钵以上为一体，可以从须弥座上去下来，这时就可以看到须弥座上装饰着一组佛像，正中为三头八臂的佛母坐于莲座之上，每个头上都长着三双眼，头戴五叶火焰珠形宝冠，身着菩萨装，即身披璎珞，戴臂钏、腕钏和足钏。八条臂膀姿势各异，八只手里所持的法器也不相同，右边四臂：或高举佛像，或平伸握箭两支，或收于胸前而托十字金刚杵，或一手前伸施与愿印；左面：一手上举施无畏印，一手平伸而紧握一弓，绕蛇之手向前伸，而托钵之手则收于胸前。在伸的前面不远处有二胁侍菩萨站在左右两莲座之上，身着菩萨装，右肩上都斜挂一串大念珠直垂至小腹。佛的前后左右有四护法天王“左展立”于莲座之上，瞪目张口，唇上涂红。上身裸露，胸挂念珠，腰围兽皮裙，右手或举钩、锤，或擎宝剑。须弥座内藏有珍珠、宝石、水晶、玛瑙、玉石、骨灰等物品，可谓封藏。

整个鎏金塔安放在一个红色砂岩雕成的须弥山形基座上，四面浮雕游龙戏珠、鹿衔灵芝、双狮搒球、二力士顶果盘。正面凹下部位放银椁金棺，内有一躯铜鎏金释迦涅槃像。方形石座的四角各放一个青瓷罐，罐内放有灵谷、舍利等物。同时出土的带盖青釉罐和玉贯耳壶中放着玛瑙、水晶、珍珠、玉石和檀香，还有两颗佛牙（其实一颗是牛牙，一颗是人的门齿）。

最有意思的是一件墨玉雕琢的佛造像，只有 5.1 厘米高、4.3 厘米宽，却雕刻十分细致：全身赤裸，束发披肩，有九条蛇盘绕在佛的发髻、额头、臂腕、脚腕和胸前，如同发带、臂钏、腕钏、足钏和胸前念珠。双脚下还踏着一穿长衣留卷发者，平身直卧，右手握伞，左手拿一瓶，瓶中插类似麦穗的东西，这种造型很罕见。

我国从南北朝时期就已建塔埋藏舍利了，如 1964 年在河北省定县北魏塔下发现舍利函就是一例，出土文物中除佛像、佛经和货币外，其余如石函、铁函、鎏金棺、瓷器、琉璃瓶等各种容器都是用来盛舍利佛骨、佛骨、珍珠、玛瑙、宝石和香料之类的。而在塔的地宫或天宫中出土小型佛塔的，1949 年以来见于报道的并不多。

南京市博物馆

青花萧何月下追韩信图梅瓶

【元　镇馆指数★★★★★】

在我国的陶瓷发展史上，最具民族特色的青花瓷器占有极其重要的地位。所谓“青花”是指用钴这种原料在瓷胎上绘画，然后施上透明釉，在高温下一次烧成的呈现蓝色花纹的釉下彩瓷器。目前的研究表明：青花瓷器起源于唐代，在元代正式烧制成功，它的着色力强，发色鲜艳，呈色稳定不褪脱，画面明净，具有中国传统水墨画的效

【青花萧何月下追韩信图梅瓶】

果。且实用美观，深受国内外收藏人士的喜爱。所有这些特点，是其他瓷器无法与之匹敌的。

萧何月下追韩信图梅瓶为元末明初青花瓷中的罕见珍品，有着独特的青花纹饰，体现了极高的烧制水平。梅瓶是明代高等级墓葬随葬品，有镇墓辟邪的作用。除了是地位的象征外，也有风水上的考虑，非王侯要臣，不得“享用”这种随葬品。这件瓷器于 1959 年出土于南京江宁县观音山明朝开国功臣沐英墓，高 44.1 厘米，底部直径为 13 厘米，而口径仅为 5.5 厘米。小口、丰肩、斜腹、敛胫、平底，造型优美，线条圆润、流畅，雍容华贵，给人以凝重的美感。肩腹部绘有“萧何月下追韩信”的故事，瓷瓶上所绘的青花纹饰层次多样，非常之独特。

梅瓶通体绘有各种青花纹饰，虽然纹饰层次多样，但上下饰的西番莲、杂宝、变形莲瓣纹、垂珠纹等都很好地为萧何月下追韩信这个主体纹饰服务，从而使得整个器物浑然一体而主题鲜明突出。这件瓷器的画面被放在梅瓶的腹部，占据着主要的位置 整件器物造型端庄、稳重，胎质洁白致密，青花发色苍翠浓艳，而瓶中所绘人物的生动神情尤其精彩：萧何策马狂奔时的焦虑、韩信河边观望的踌躇不定、老艄公持桨而立的期待，都被表现得淋漓尽致。而空白处则衬以苍松、梅竹、山石，显得错落有致。此瓶虽然通体装饰各种纹样图案，层次较多，可多而不乱，画面主次分明，浑然一体，并不给人以琐碎、堆砌的感觉。青花发色苍翠浓艳，美丽动人。整器造型端庄、稳重，胎质洁白致密。可以想象，在当时能制造出如此精美的青花瓷产品，在制坯、绘画、施釉、烧制等方面已达到了很高的境界。

韩信是秦末名将，他先投奔项羽，但不受重用，转而投奔刘邦，也只做了个管粮草的小官。后来丞相萧何碰巧遇见韩信，谈话之间发现韩信有非常之才，于是便屡次向刘邦举荐韩信，但均未被采纳。韩信看到刘邦也不肯重用他，于是决定离开。得知韩信出走消息后，萧何非常焦急，也顾不上向刘邦报告，便亲自骑上马连夜率人追赶韩信。许多人以为萧何想去投奔项羽，这使得刘邦也非常生气。萧何终于追上韩信，并把他劝了回来。之后，萧何正式向刘邦举荐韩信，并说，如果想夺取天下，非得用韩信不可。在萧何的力荐和劝说之下，最后刘邦终于采纳了萧何的建议封韩信为大将。韩信果然不负众望，屡次替刘邦救险，后被封为淮阴侯。

七宝阿育王塔

【北宋　镇馆指数★★★☆☆】

2008年11月，一座金光灿灿的七宝阿育王塔从铁函中被取出。据地宫碑文和塔身铭文明确记载，塔内的金棺银椁里瘗藏的除感应舍利10颗及高僧留下的诸圣舍利外，还有北印度僧人施护敬献的佛祖释迦牟尼的顶骨舍利！这是当今世界上唯一一块佛顶真骨，这一发现轰动了全世界。

七宝阿育王塔陈列在南京市博物馆大成殿展厅的正中，鎏金的宝塔雄浑庄重，在灯光的照耀下散发出华贵的金色，塔身上镶嵌着各种宝石折射着五色光芒，浮雕的精美图案描述了佛祖一生的故事。宝塔内部是檀香木制作的胎体，外部为银制，在银皮上施以鎏金，并嵌了452颗白、红、蓝、黑等各种宝石，经检测有水晶、烟晶、玻璃、玛瑙、青金石等，加上造塔所用的金、银，“七宝”阿育王塔称得上名副其实。塔身上布满了精美繁复的纹饰，四座山花蕉叶外侧共有19幅画面，讲述了佛祖从母亲右肋降生，出生时七步生莲、双龙灌浴，削发出家、菩提树下觉悟成道、鹿野苑初转法轮、直至涅槃的一生。而塔身

【七宝阿育王塔】

的四面，是四幅大型佛祖本生变相，塔身的铭文说明，它们分别描绘了萨埵太子舍身饲虎、光明王施首、尸毗王割肉贸鸽、须大拿王布施的场景。此外，阿育王塔外部还錾刻有20条铭文，记载了北宋大中祥符四年(公元1011年)，在演化大师可政、守滑州助教王文、会首张重旺等人的倡导募化下，众位施主捐银一百二十二两、金二两八钱半、檀香七斤、大圣七宝念珠，以及水晶珠宝等物，聘用扬州工匠朱承信等人打造七宝阿育王塔的事迹。

在大报恩寺塔的塔基下发现了北宋长干寺地宫。宋代地宫的发现，虽是意料之外，却在情理之中，大报恩寺遗址所在的古长干里一带，正是江南佛教的发源地。三国时期，天竺僧人康僧会经过烧香拜求，使铜瓶中凭空出现舍利，孙权为其在古长干里一带造建初寺与阿育王塔供奉舍利，这是中国南方最早的寺院。东晋时，北方僧人慧达在长干寺发掘得到三颗舍利及佛指甲、佛发，并进行了郑重的瘗埋。到了南朝，梁武帝改造长干寺双塔，将舍利用金罂、玉罂层层盛装，放在双塔的地宫中。唐代时，润州（今镇江）刺史李德裕将久已荒废的长干寺地宫打开，将其中11颗舍利迁往润州，在北固山甘露寺建塔供奉，其余10颗则留在原地。到了北宋，长干寺复建并改名为天禧寺，而元朝时，元世祖忽必烈赐该寺住持“佛光大师”称号，后又下诏将将天禧寺改名为“元兴天禧慈恩旌忠教寺”，将天禧寺与元朝的兴盛直接联系起来。天禧寺在明代毁于火灾，明成祖下诏在其原址扩建皇家寺庙大报恩寺，寺中9层琉璃宝塔高78.02米，通体用各种形状和颜色的琉璃榫合而成。欧洲在17世纪曾兴起一阵“中国热”，大报恩寺塔被称作“南京瓷塔”，成为中国的标志之一，连安徒生也将之写进童话。在清代太平天国的“天京内讧”中，大报恩寺和琉璃塔最终毁于战火。大报恩寺遗址有这样的历史，在这里发现藏有佛顶真骨的阿育王塔，自然顺理成章。

2010年6月12日，在南京的千年古刹栖霞寺，佛顶骨舍利从金棺银椁内被请出，全世界观众都通过电视直播见到了佛顶骨舍利的“真容”。在地下埋藏千年之后，佛舍利终于盛世重光，宝塔和舍利，见证了南京这座名城的千年佛缘。

鸿山遗址博物馆

琉璃釉盘蛇玲珑球

【战国　镇馆指数★★★★☆】

位于无锡鸿山的越国贵族墓地，是以邱承墩为中心的家族墓地。由于鸿山越国贵族墓中未发现任何文字材料，对于墓主的推断带来一定的困难。因此只能根据墓葬的规模、结构和随葬器物的数量、组合等，对墓主的身份进行分析和推断。鸿山越国贵族墓地为仅次于绍兴印山越王陵的特大型墓葬，其墓坑长度为越王陵的一半，大于所有已

【琉璃釉盘蛇玲珑球】

发掘的大型越国墓葬。鸿山越国贵族墓葬不仅有墓道、墓室、后室和壁龛，墓室中还用木板等木质材料隔成主室和南北侧室，其复杂程度也仅次于越王陵；在江浙一带以往发掘的所有大型贵族墓，无论是墓葬规模、墓室结构和随葬器物的数量、等级，皆无与之相比者。

在出土的大量随葬器物中，部分玉器的规格在春战时期大致与诸侯相当；青瓷乐器数量之庞大、等级和规模之高，亦不亚于春战时期中原的诸侯；青瓷礼器中，鼎、豆、壶的组合显然模仿中原礼制，而用鼎的数量又不合周代礼制，明显出现僭越。蛇为越人的图腾，为越国的象征，亦或为神权、王权的象征，而琉璃釉盘蛇玲珑球暗示着墓主生前可能拥有极高的权力。

琉璃釉盘蛇玲珑球由八条蛇首尾咬合、缠绕而成，八条小蛇成各种姿态，蛇身上布满蓝色颗粒状的琉璃，同时身体又显出红色的纹理。琉璃釉盘蛇玲珑球是鸿山越墓出土 2000 多件文物中最精湛的一个，全国绝无仅有，其应是一件象征着巨大权力的物品，拥有这件物品的墓主人至少当时是越国大夫一级的贵族。玲珑球烧制难度极大，温度控制是依蛇身上蓝色琉璃颗粒要求而定的，是一种低温烧制技术，同时，这件文物也是目前全国出土的唯一一个将陶和琉璃融合于一身的完美艺术品。

国人将琉璃分作二类：一类为玻璃，一类为琉璃。琉璃是指一种不透明的或颜色暗淡的半透明的彩色玻璃，甚至还有一种彩色的陶质釉也可以称作琉璃。玻璃往往是透明的而且是无色或只有淡淡的颜色，它可以与水或是冰相比。琉璃在中国的制造工艺方面已有久远的历史，在唐朝时期已使用吹制工艺，此时冰清玉洁的玻璃被看作宝物。史书《陈藏器》中说：玻璃西国之宝也，玉石之类、生土中、或千岁冰所化亦未必然也。相传这种神奇的原料样品来自“拔汉那”、红玻璃来自“吐火罗”、赤玻璃和绿玻璃来自“拂林国”，在日本正仓院收藏的琉璃制品中有此类贡品。正式出现玻璃一词的是南北朝时期，有“颇黎”、毗琉等，叫法。南北朝时期西域传入大量钠钙玻璃，晶莹剔透，令中国人赞叹不已。

苏州博物馆

真珠舍利宝幢

【北宋　镇馆指数★★★★★】

真珠舍利宝幢，设计优美，制作精巧，工艺精湛，充分显示了当时工艺美术的发展水平，是一件极为罕见的综合多种工艺的珍贵艺术品。

真珠舍利宝幢是北宋大中祥付六年制作的一件珍贵的佛教艺术品，距今已有近千年的历史。它的制作，综合了我国多种传统工艺技巧，其中包括雕刻工艺、描金工艺、

金银丝编织及珠宝镶嵌等工艺，从整体上看，其设计之匠心、内涵之丰富、用料之名贵、艺技之精湛，在我国工艺史上是及为罕见的。她堪称为北宋工艺之瑰宝。

在苏州古城盘门，耸立着一座千年古塔，传说因常常放射出五彩吉祥之光，所以人们把它叫做瑞光塔。1978 年春天的一个夜晚，几个顽皮的孩子偷偷地爬上了古塔第三层，他们钻进了已倒塌的砖壁，发现一个大约有两米深的洞穴，并从中取出了一组世上罕见的我国早期雕版印刷经卷和一组精美绝伦的古代工艺品。其中令人最感兴趣的就是这件真珠舍利宝幢，通常叫做真珠舍利塔。

舍利塔是佛门出家人用来奉藏舍利的地方。佛经上解释：舍利是指有德行的僧人遗体火化后在其骨灰里出现的一种结晶体，这种结晶体呈半透明色形如真珠。佛教中称之为舍利。由于这件舍利塔用了三万六千多颗真珠做装饰，所以叫做真珠舍利宝幢。

这件宝幢通高有 122.6 厘米，自下而上分为三个部分——须弥座、经幢和塔刹。底部是须弥座，呈八角形，象征着佛教中的“八方天”。须弥座共有三层，每层转角处都以不同图案的漆雕包角。底座的八面座阶上站立着八只跳跃飞舞的银狮子，八个斜面贴有形象各异的漆雕供养人像，整个须弥座通体以朱漆描金。纵观宝幢的这一部分给人以一种稳重端庄、超尘脱俗的印象，使人对佛门产生一种肃然起敬的感觉。

须弥座的顶部是一个台形，四周以木质描金勾栏，勾栏中间波涛翻滚，四周山峦起伏，蘑菇形状的须弥山就高高地耸立在海水之中，整个结构寓意着佛门“九山八海”的典故。传说须弥山是神仙居住的地方，其高有八万四千丈，周围有七座金山和七重香海围绕，须弥山的顶端居住着佛门天主，山腰住着“四大金刚”、“八大天王”，他们是天国的守护神，分别保卫着佛门天国的各大部洲，那里就是我们凡人通常

【真珠舍利宝幢】

所说的西方极乐世界。我们再看这广阔的海面上涌起八朵祥云，上面站立着威武雄壮的“四大金刚”，他们手持各种武器，气势非凡；而站立在“四大金刚”身边的“四天女”则是美丽温柔，婀娜多姿。在须弥山顶部之上又有檀木雕刻的“八大天王”，他们是佛教传说中的护法天神。他们个个肌肉丰满、性格鲜明、神态逼真，大有呼之欲出的感觉。

人物雕刻应该说是整个宝幢工艺最精彩、最传神的部分，它不仅体现了匠师娴熟的技能，更重要的是在人物造型表现方面几乎完全突破了传统宗教的冷漠与呆板的程式，而赋予他们以人间生命的活力和情感，使人感觉到与这些传说中的神仙仿佛有着某种血肉相关的联系。在须弥山的腰部盘旋着一条用银丝及珍珠编织而成的九头巨龙，传说它是“龙王”的象征，掌管着人间的旱和涝。

从须弥山向上以经幢为中心，八角形中空的经幢装饰得分外庄严肃穆。经幢外部八面都以蓝地金书，正面刻有“南无摩诃般诺波罗密”，意思是“以大智大慧到达彼岸——成佛”。其余七面分别以不同的字体刻着“过去七佛”的名字。传说在释迦降生之前就有六人成佛，所以释迦在这里是排行第七位。在经幢的中心有一只葫芦形小瓶，内放有九颗舍利，其中一颗为肉红色，其余八颗都是乳白色。据说这就是佛陀永生不灭的灵魂。

在经幢的四周竖立着金银丝编织的八根木柱，上面又以金银丝串珠宝石屋顶覆盖，金缀斗拱，飞檐翘角，仿佛是座金壁辉煌的殿堂。在殿顶中央有一只檀木佛龛，里面是一只金质宝瓶，外有浮雕婴戏图案。佛龛的上面罩着金银丝编织而成的八角形华盖，华盖之上串缀着无数珍珠和宝石，八条金银丝编织的小龙昂首俯冲为脊。华盖之上便是以珠宝串成的塔刹，它的顶部是一颗晶莹透彻的水晶球，象征着佛门天国的洁白无瑕。水晶外围装饰着金丝火焰光环，下垂八条银链，链上节节垂挂串珠，角上层层系缀璎珞。至此，整个宝幢被装扮得斑斓璀灿，富丽典雅，令人眼花缭乱，流连忘返。

真珠舍利宝幢的构思十分巧妙，它的整个造型，处处体现了佛教的宇宙观，给我们展示了一个极其美妙的天国神话世界，生动地反映了我国北宋初期佛教在江南盛行的历史状况和当时社会经济文化发展的高度。

今天这座美丽的宝幢，正如同一颗灿烂的明珠，在苏州这片美丽、古老、文明的土地上闪耀着她独有的光辉！

秘色瓷莲花碗

【北宋　镇馆指数★★★★☆】

法门寺秘色瓷的出土并没有结束人们对“何谓秘色瓷”的争议，观点分歧主要是对“秘色”一词的解释，即“秘色”的含义是否就是“秘密颜色”，是否特指事实存在着的某一种罕见颜色，以及秘色瓷是否属专门秘制的宫廷御用贡瓷等问题。

秘色瓷本质上属于越窑青瓷的范畴。越窑烧造青瓷的历史始于东汉终于北宋，曾经长期主导引领全国青瓷业的生产和发展，唐代中晚期所发明的匣烧技术更是孕育催生了秘色瓷这一中国历史上第一个贵比金玉的名瓷。但作为越窑青瓷的本质属性从晋缥瓷、唐越瓷到晚唐五代秘色瓷一脉相承并没有改变，釉色也多以青绿、青灰、青黄为基本色调。倘若当时取名“秘色”真的是特指一种从未见过的釉色，那么，法门寺出土实物呈现湖绿、青绿、青灰、青黄、淡黄等多种釉色的客观事实，已无可辩驳地否定了这一观点。但还是有人继续着为“秘色”正名（色），以晚唐五代陆龟蒙、徐夤诗中所形容的“千峰翠色”、“捩翠融青”作为经典依据，并从法门寺出土实物中找出印证此

种釉色标准器作为考古证据，给出了“秘色”是“一种青中泛湖绿的釉色”的淡青绿色的定义结论，也称“碧色”，对其他不合该标准的，都解释归之于当时“烧制技术尚不成熟”的原因。不过即便如此定义的“秘色”，却恰恰最是青瓷的普通本色，这岂不是一个尴尬的悖论？其实，就咬文嚼字而言，“秘”除了作“秘密”解，还可作“罕见”、“稀有”解；“色”更复杂，古代不仅指颜色，还指“色样”（与现代汉语“式样”一词涵义不尽相同），泛义性的更多，如“景色”“神色”“鉴貌辨色”等。“秘色”的原意极可能是指：包括颜色、形态、性状等因素在内的“稀有色样”，通俗地讲越窑秘色瓷也就是越窑特级精品瓷。此外，在佛教兴盛的唐代，“秘”与“色”字都是佛教涵义丰富的常用经典词语，起名“秘色”或许是有意沿用以示神秘性。秘色瓷中的莲花碗、净水瓶都源自佛教供器，又多出现在佛家秘藏中，从中也透露出两者之间或许存在着某种微妙的联系。

秘色瓷区别于一般青瓷。其一，釉面异常清亮。有的称其朗润如玉，但不如比作“明如镜”最为贴切传神。因其具有良好的反射光线的特点，整器看上去精光四射、熠熠生辉，给人以无可名状的强烈美感。其二，釉层薄如蝉翼。秘色瓷的釉质纯净细腻，施釉又极为匀薄，入窑烧制后，釉层接近于透明的淡色玻璃体，也如同一层透明漆膜。器表颜色实际是由胎色与釉色叠加显现的，并且胎色多半决定了基本色调，原理几乎与透明漆刷于原色木器上一样。其三，胎质细洁致密。包括秘色瓷在内，越窑均使用浙江本地产的优质瓷矿土资源，烧制细瓷需经过精选、粉碎、淘洗、练泥，制胎、修坯等复杂工序，做成的胎体本身已非常精细光洁，施釉入窑烧成后，烧结度高、变形小，胎釉结合牢固，器表溜滑光亮。

越窑青瓷莲花碗由碗和盏托两部分组成，碗为直口深腹圈足，口径 13.8 厘米，高 8.9 厘米，底径 8.1 厘米；盏托形如豆，盘口外翻、束腰、圈足外撇；盏托口径 14.9 厘米，底径 9.3 厘米，高 6.6 厘米。除盏托束腰无花纹外，碗身外壁、盏托盘面和圈足处均浅浮雕大瓣莲花。整个造型恰似一朵盛开的莲花，构思巧妙，线条柔和，给人以端庄典雅的感觉。

此莲花碗全体施青釉，釉层厚而且均匀，手感滋润，光泽如玉。从该器露胎处可见瓷胎呈灰白色，细腻致密，颗粒均匀纯净，托心平整，正中镂有一小圆孔直通器底，圆孔边刻有窑工“项记”二字，底部留有排列密集呈斜状的垫烧支痕，说明这是一件具有典型五代越窑的青瓷。

扬州博物馆

景德镇蓝釉白龙纹梅瓶

【元　镇馆指数★★★★☆】

1975年，扬州博物馆征集到一件蓝釉白龙纹梅瓶，经过多方鉴定，确认是一件极其珍贵的元代瓷器。此梅瓶流传于民间达六百年之久，竟被完好无损地保存下来，令专家们欣喜不已。凡是有机会一睹蓝釉白龙纹梅瓶尊容的人，无不为其优美的造型，艳丽的色彩而赞叹叫绝。

蓝釉白龙纹梅瓶，高43.8厘米，其造型端庄隽秀，小

口，口沿宽平，颈细而短，成喇叭形，肩部丰满，腹部以下明显收敛、底足微撇。通体施蓝釉，加工均匀，釉色深蓝，釉质肥厚而莹润。器腹上刻画白色龙纹，蓝白相映，鲜明夺目，有极强的艺术感染力。

此件梅瓶是元代景德镇官窑烧造的一件极具代表性的精品，无论是制作工艺，还是装饰工艺都非常精湛。由于器形较大，胎体分三截成形，用釉药粘接，接缝明显可见，底部留有轮修痕迹。釉色的呈色剂的主要成分为氧化钴，从目前考古材料来看，最早将氧化钴用于陶瓷装饰，为隋末唐初，不过那是低温铅釉，呈色也不够稳定。到了元代，由于制瓷工匠掌握了钴的呈色原理，烧成高温蓝釉，具有色彩浓艳、釉层淳厚、光泽度强、透明度好的特点。梅瓶的施釉方法，是先在刻划的龙纹和云纹上施白釉，然后将纹饰罩上，其余部分施蓝釉，蓝釉浓艳，白釉泛青，色彩对比既强烈又柔和，给人以和谐的美感。

由于龙是中国人民心中的神物，自古以来就被尊奉崇拜，以至迷信，所以，以龙纹为装饰图案的器物很多，比比皆是，不胜枚举。但作为装饰纹样，龙的形状是不断演变的，经历了一个由粗糙到精细，由简单到复杂，由朴素到华丽，由原始到成熟的发展过程。到了元代，龙的造型更加美观，龙体更加修长、屈曲。梅瓶上的龙纹，就具有典型的元代龙纹的特征，龙头上昂，张口翘舌，双角向后伸展，两眼正视，细颈长鬣，曲腹蛇尾，背鳍整齐，龙鳞细密，肘毛细长，四腿三爪，刚劲有力。龙纹首尾相接，张牙舞爪，作腾飞游动之状。再以蓝釉点饰龙眼，起到画龙点睛的艺术效果。龙纹的上下饰火珠纹及流云纹，使凌空飞舞的气氛更加突出，整个画面疏密有致，笔意流畅自然。

关于瓷瓶的起源，在明代张谦德的《瓶花谱》里谈到，唐代开始烧制瓷瓶。到了宋代，由于制瓷业的发展，技巧日新，品种丰富，元代瓷瓶更趋于成熟。梅瓶是瓷瓶的一种，是当时的定型产品。梅瓶的式样在《饮流斋说瓷》中有专门描述：“梅瓶口细而颈短，肩极宽博，至胫稍狭，抵于足则微丰，口径之小仅与梅之瘦骨相称，故名梅瓶。”梅瓶的烧制年代始于宋，到了元代，它的整个造型趋于丰满浑厚，给人以稳重之感。此件梅瓶为元代后期梅瓶的标准式样。

我国的制瓷工艺，到了元代有很大的发展，在工艺美术、陶瓷烧制及其釉色方面都已形成独特的风格。元代瓷器工艺精美，规模甚大，外销也已占相当比重，正如马可波罗所说“元朝瓷器运输到全世界”，得到世界各国人民的欢迎。元代蓝釉白龙纹梅瓶，至今发现仅有三件，一件早在清末就流散到国外，一件藏故宫博物院，而此件梅瓶在三件中器形最大，高达 43.8 厘米，保存又最完好，是迄今所见最完美的一件元代梅瓶，实属稀世珍品。

徐州博物馆

金缕玉衣

【西汉　镇馆指数★★★☆☆】

早在1982年冬天，徐州市东郊狮子山砖瓦厂，考古人员发掘发现多座汉代兵马俑陪葬坑。这是在西安以外地区发掘出的汉兵马俑坑。经过十余年艰苦探寻，终于找到了汉兵马俑陪葬的主墓楚王墓，并且发现劫后余生的金缕玉衣。

我国已出土汉代完整和不完整的玉衣已达70多套，

目前经修复完整的有 7 套，这些玉衣绝大多数玉片以辽宁岫岩玉制作，玉片密度相对较差，埋入地下 2000 年，渗入各种物品腐烂后的颜色，表面抛光也失去原有的光泽，显得色泽比较晦暗。徐州狮子山的这套金缕玉衣则全部用新疆和田白玉或青白玉制作而成，硬度大，密度高，玉质温润，透明度好，有玻璃光感。楚王墓内有巨大的空间，玉衣片没有受到压力渗透，不易受沁。因此出土时能保持原来的晶莹光泽，是迄今我国发现玉衣中最上乘的一件。现在我们看到金玉交辉、华贵异常的玉衣似乎不很白，这是因为受到黄金色的金丝映照和反射造成的。

狮子山金缕玉衣玉片四角的钻孔，大都为杆钻而成。钻杆前端尖锐，杆钻由背面向正面钻起，待略钻透时，再从正面轻轻钻磨，形成背面孔大，正面孔小的喇叭形小孔。这种双面杆钻的方法虽然增加工序和工作量，但避免了单面钻孔造成玉片正面的崩裂，同时也避免较细的金丝受到孔缘锐棱的磨割。由于金缕打结在正面，背面圆锥形孔也便于穿缀。杆钻孔的直径可以很细，仅有管径钻的一半左右，约 0.48 ~ 0.46 毫米。

随葬玉衣的墓葬一般规模比较大，身份比较高。除西安外，其余基本都出于分封诸侯王和列侯的地区。玉衣文

【金缕玉衣】

献记载为玉匣、玉柙，偶尔也称为玉衣。对发掘出土玉衣的认识也有一个相当长的过程。1946年9月，在河北邯郸西北五里郎村发现一种长方形，一面抛光、四角带有钻孔的玉片，玉片出土位置都在尸体的旁边。这种玉片到底是什么用途人们并不知晓。1955年在江苏徐州睢宁县九女墩画像石墓中又出土了这类玉片300余片，出土数量比较多，引起了考古界的关注。有的学者根据《后汉书·礼仪志》、《西京杂记》中汉代帝王下葬都用“珠襦玉匣”，形如铠甲，用金丝连接的记载，认为这些玉片就是用来制作史书中所记载的“玉匣”或“玉柙”，也就是用金、银、铜丝将玉片连接在一起穿在尸体上的玉衣，从而确定了汉墓中出土这类玉片的真正用途。可是汉代完整玉衣到底是什么形状？它的金尊玉貌仍是未解之谜。一直到1968年在河北省满城中山靖王刘胜墓内，出土了一件用2498片玉片以金丝穿缀的完整玉衣，才揭开了玉衣神秘的面纱，使人看到来自2000年前的旷世瑰宝金缕玉衣的真正全貌。

龙形玉佩

【西汉　镇馆指数★★★★★】

举世闻名的丝绸之路，前身是一条从新疆向东西方运送和田玉的“玉石之路”。考古发现表明，早在商周时期，也就是丝绸之路开通1000多年前，新疆和田玉就通过玉石之路送往中原地区，成为王公贵族的宝物。从西周起，王室、贵族祭祀、朝觐和起居都要用玉，并有繁缛的规定，玉成为礼制的重要象征。

在中国玉器史上，战国至西汉是一个工艺高峰期。百家争鸣的文化繁荣，以及铁器和砣机的使用带来了琢玉工艺革命，使玉器一改几千年来的古朴，而变得精雕细琢，对此，有专家归纳出“五字诀”：利，边缘直切下去，锋利得可以割破手；亮，抛光后玉器光洁明亮；凶，动物形象凶猛；细，花纹扭曲宛

【龙形玉佩】

转，比发丝还细密，被称为“游丝毛雕”；空，大量使用透雕镂空，更显灵动。S形玉龙就是在战国时期出现的，不过基本是横S形，竖S形只见于西汉早期的王侯墓中，徐州狮子山的这件竖S形玉龙，如此精美又如此巨大，在国内堪称首屈一指。战国时期，群雄争霸造就了强健、尚武、进取的社会风气，直接影响了玉器的审美取向，这件出土于汉早期楚王墓的玉龙就有明显的战国遗风——到了汉中期，皇权强化加之四海升平，玉器风格变得温顺柔和——可以说，这件玉龙是中国玉器史上威猛时代的绝唱。

玉龙长17.5厘米，宽10.2厘米，厚0.6厘米，比一个巴掌略大，以和田白玉雕琢而成，玉质温润，又有玻璃般的光泽，由于在陵墓中埋藏2000多年，龙身局部有沁斑。玉龙造型威猛刚劲，身体蜷曲呈S形，张须露齿，双目圆睁，鬣毛向两边卷曲，前肢曲折，爪趾锐利，龙尾上卷并平削，通体饰蝌蚪状的涡纹。玉工采用阴线刻、浮雕和局部透雕的技法，把龙潜深渊、蛰伏待时的意蕴表达得淋漓尽致。玉龙眼睛下方有一钻孔用于佩戴时穿系丝线，表明这是一件佩饰。

尽管在古代即被盗过，狮子山楚王陵仍出土了2000余件各类文物，其中，玉器是最大亮点，有金镂玉衣、镶

【龙形玉佩】局部

玉木漆棺、玉璧、玉戈、玉璜、玉觿、玉卮、玉枕等200余件(组)，品种之丰富、玉质之优良、工艺之精湛，在全国考古发现中无出其右。

当时的社会风尚是“君子无故，玉不离身”。玉器要成组佩戴，走路时有韵律地叮咚作响，步幅、速度应与佩玉相和谐，以表现君子的仪态、气质和风度。由于狮子山楚王陵曾被盗贼扰乱，这件S形玉龙和哪些玉器配为一组就成了千古之谜，然而佩戴如此硕大沉重的一组玉佩并不是件轻松的事，因此专家推测，楚王只在出席非常重要的仪式时才会用到玉龙。

那么，玉龙来自何方？是朝廷的赏赐还是楚国本地制作？专家们倾向于后者。一则战国时，楚国玉器独步天下，很多玉器即使在现代也难以仿制，而西汉初年的楚国，在地域上与战国时期的楚国有相当部分的重合，制玉传统仍在；二则徐州汉墓几乎每座都有玉，举凡汉玉品种应有尽有，外地难以比肩，在徐州白云山西汉墓中还发现了一批玉料、边角料和残破玉器的改制件等，说明楚国当地有玉器加工作坊。狮子山汉墓中发现了一批造墓时的工具，有些工具的尖头部位为炒钢制品，这是中国最早的炒钢，比欧洲早了1800多年，这样的工具无疑会提高玉器加工的水平。

门吏俑

【北朝　镇馆指数★★★★☆】

1985年5月中旬一天的上午，天气晴朗，风和日丽，位于徐州市东郊狮子山西麓的砖瓦厂采土工地上，距地表深约3米处的土层中，铲出一些青色的砖块，砖的顶部或一侧，有模印的花纹图案，考古工作者判定这是一座北朝时期的墓葬。经清理，墓室呈长方形，南北长3.6米，东西宽1.65米，顶已破坏，现存高度仅0.92米。墓门位于南端，由长1.42米、宽0.94米的甬道连接墓门与墓室，门用青砖封堵，其外又以石板封闭。墓室和甬道用花纹青砖砌成，花纹规整，美观大方，俨然如同现在的贴墙布。墓室的后端为棺床，高出墓底20厘米，用长条形砖砌铺成"人"字纹，棺床上并放两副人骨架，头南足北，为合葬墓。墓内出土青瓷鸡首壶、青瓷盘口壶、青瓷罐及陶俑、铜镜、铜钱等各种文物50余件，精美华贵。特别是四件门吏陶俑，其造型之独特，塑工之精湛，实属罕见。

门吏俑高60厘米，为泥质灰陶制作，不绘彩。挺身直立，二目平视，头戴兜鍪，顶部前端有椭圆形鸡冠饰，双耳外露，简洁而美观，朴素而大方。面部静穆，鼻圆而阔，抿嘴，在嘴角处形成凹窝，下巴较圆润，体修长，肩圆而宽，双手拱于胸前，共按环首仪刀，刀有鞘，柄有饰，内着圆领长衫坠地，外罩交领披风，双臂隐于披风内，披风下摆刹角，足穿齐头履。

陶俑是取代活人而陪葬的明器。考古发现在商周时期，奴隶主死后常用大量的奴隶陪葬，供其在阴间驱使，这种风气一直延续到西周末年。随着生产力的发展，奴隶的使用价值日益增大，为了利用奴隶的劳动来为自己创造更多的财富，奴隶主贵族的“有识之士”便出来干预这种习俗，并想出了一个两全其美的方法，让活着的奴隶继续为后来的主子卖命，把按奴隶形象做成的陶、木、石或铅等质地的俑类陪葬死者，以这些奴隶的灵魂去为其主人效忠。这件陶俑，是北齐墓中的一件随葬品，其在墓中的任务是守门卫户，保证墓主人及其家庭的安全。

陶俑的艺术造型采用大胆夸张的构图方法，与顾恺之“以形写神”的写实主义创作理论颇为一致。简练的线条，洒脱、逼真地塑造出一位忠于职守、忠心耿耿为主子的安全尽心尽责的奴仆。多才多艺的雕塑巨匠在塑造这件陶俑时，有意把其身躯拉长，达到不合比例的程度（头与身之比例为 1：9），但并不因比例的失调而令人难以接受，由

【门吏俑】

于艺术处理得当，反倒有一种别出心裁的新奇亲切之感。陶俑朴实生动，概括性极强，不失为一件特定时代、特定风格的艺术珍品。

陶俑的另一个特点是：作为武士俑却没有武士那种面目威严、雄风难近的赳赳武夫气概，倒有虔诚典雅的韵味。反映了俑的时代特征。北朝是一个短暂的动乱时代，朝代更替频繁，战祸连年不断。从至高无上的皇帝到普通百姓，皆悲叹人生之短暂，有“朝不保夕”之忧虑。在这种环境中，人的价值显得日益珍贵，经历了两汉谶纬迷信愚弄的人，终于在这时觉醒了。一部分世家大族“及时行乐”，整日沉迷于声色犬马之中，以此来充分利用人的“价值”；另一部分人则步古代隐士之后尘，超然脱俗，看破尘世，摆脱人间的一切干扰，我行我素，怡然自得以求得灵魂的安逸。其代表人物当属南朝的“竹林七贤”。他们表面看来衣冠不整，行为不羁，但仍然被世人作为“楷模”尊崇，争相仿效。从门吏俑的动态中，可以看到这种现象，他面带微笑，文雅自若，这种含蓄而微妙的表情，或许与佛教的盛行，人们相信死者的灵魂可以在另一个世界得到安宁而感到欣慰有关。

镇江市博物馆

定窑酱釉小瓶

【北宋　镇馆指数★★★★☆】

颜色釉，是用来美化器表的装饰釉，历来被广泛应用于日用瓷和陈设瓷，绚丽多彩，美不胜收。通常在釉药里加入某种氧化金属，如铜、铁、钴等，作为着色剂，经过焙烧，显现出某种固有的色泽附着在胎面，青、红、黄、绿、紫……琳琅满目。

宋代紫釉器，多为定窑所出，故名“紫定”。文献记载简略含糊，项子京在《历代名瓷图谱》里提到五件紫定，说其釉色“烂紫晶澈，如熟葡萄，璀璨可爱”，而这种“紫定”器至今尚无实物对证。经反复的调查与研究证明，宋代不可能烧出紫色，因为利用锰金属烧制成功的紫釉要晚到16世纪后期。实际上，所谓紫定的颜色，与我们日常生活中食用的芝麻酱色较为接近，故定名为酱釉较为确切。有人认为，现所发现的酱釉和黑釉都是以铁为着色剂，有可能酱釉器是在烧制黑瓷的过程中无意过火所致。但定窑和耀州、吉州、修武等北方窑口普遍出现了酱釉器，有外酱里白、里外酱色两个品种，说明这类品种的出现不是偶然，有可能当时崇尚酱色的漆器，在制瓷业里有意识的仿烧，这种色感，是当时上流社会的喜好和统治者审美情趣的反映。

以烧白瓷驰名的定窑，兼烧酱、红、黑各种名贵的颜色釉，瓷胎洁白细腻，制作工整细致。明代曹昭在《格古要论》里谈到：紫定的价格高于白定，可知在当时已视之为稀有珍品。1974年，镇江市南郊北宋章岷墓出土了71件瓷器，其中一对瓷瓶，外施酱色釉，深浅不匀，瓶里满施洁白色釉；隐约可现胎骨上的拉胚痕迹，有所谓的“竹丝刷纹”，被认为是紫定器。它光素无纹，没有采用定窑白瓷所

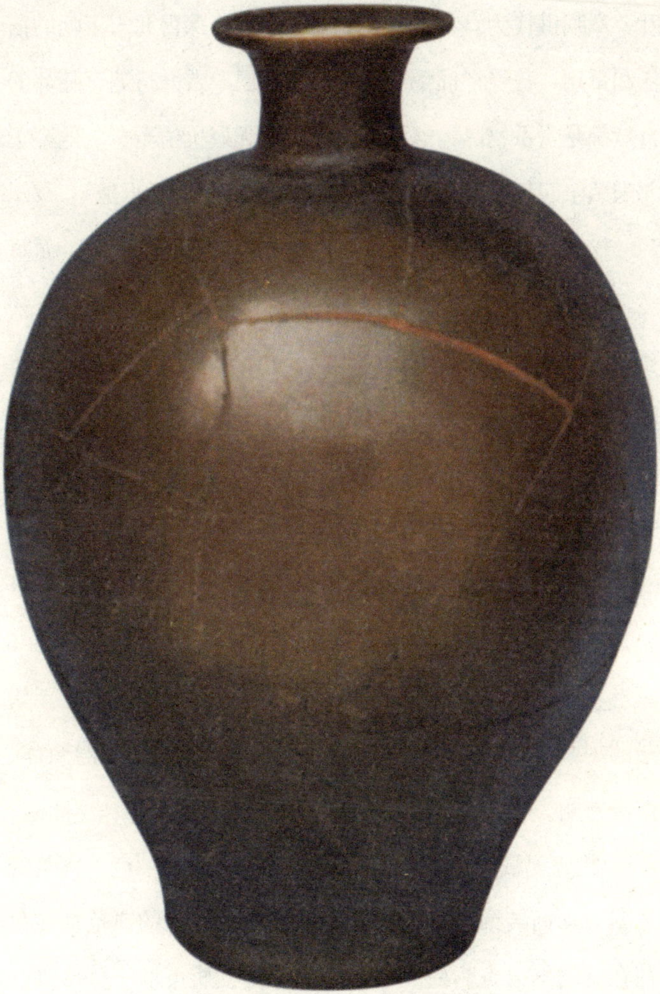

【定窑酱釉小瓶】

盛行的精美的印花装饰，而以素雅且为当时罕见的酱釉取胜。章岷世代为官，本人在职四十余载，深得北宋王朝的信任和重用，曾受“面赐金紫”及“特恩”晋升待遇，随葬的自然都是贵重物品，这两件酱釉瓷瓶无疑价值千金。他卒于北宋熙宁四年（1071），此器无款，制作时限应早于是年。

作为五大名窑之一的定窑，所产瓷器品种繁多，而每类器物的形制又各式各样。瓷匠们利用粗细、横直、长短、屈曲等不同的外部轮廓线，组合成不同形体，美观实用，多数为日常用品，款式亦多，有玉壶春瓶、梅瓶、扁腹瓶、瓜棱瓶等，这些或以瓶体的修长清秀为美，或侧重瓶身的短颈稳重。此紫釉小瓶器形是宋代北方瓷窑中常见的一例，小口，侈沿，细直颈，圆肩，鼓腹、渐收成小平底，下附圈足。通高 23. 3 厘米，腹径 16. 2 厘米，口径 6 厘米。瓶身垂直，稳重大方，制作规正，刻意求精，无繁杂的附加装饰，仅以变化的弧线构成柔和、匀称的瓶体，挺拔秀丽，符合宋人清逸典雅的审美情趣。

此瓶现藏于镇江市博物馆。它以明丽的釉色、优美的造型与素面装饰默契的配合，成为后世效仿的典范，在色釉瓷器仍然以青为尚的宋代，这件酱釉瓶可谓十分珍贵的上乘之作。

银鎏金龟负论语玉烛酒筹器

【唐　镇馆指数★★★★★】

1982年初，江苏丹徒县丁卯桥附近发现一处大型唐代银器窖藏，出土银器900多件，品种多样，其中尤以染金

【银鎏金龟负论语玉烛酒筹器】

龟负“论语玉烛”银酒筹器最为罕见。该器现藏镇江市博物馆。通高 34. 2 厘米，筒深 22 厘米，龟长 29. 6 厘米。由龟座和圆筒组成。以龟为座，龟昂首曲尾，四足着地，作匍匐之姿。龟背隆起，阴刻龟背纹。龟背中央设有双层仰莲，上承圆筒。筒为圆柱形，盖亦为圆柱形，由子母口与筒身相扣。盖顶部为卷边荷叶状，周边向上翻卷，盖纽为莲蕾状，上刻重瓣仰莲纹，盖纽与边沿有银链相连。盖侧壁在鱼子纹地上，刻两对鸿雁和缠枝卷叶及流云纹。筒身亦以鱼子纹作地，七部刻缠枝卷叶和龙、凤各一，龙、凤间有一长方形框，内刻楷书“论语玉烛”四字。筒身下部饰四个瓜果形开光，内皆錾刻一对相啄的飞马。筒身底部外突、侧壁刻一周菊瓣纹图案。此器除地纹和部分龟甲外，余皆鎏金。

该器自铭“论语玉烛”。《论语》是四书之一。“玉烛”二字，始见于《尔雅·释天》，谓四时和气，温润明照，称为“玉烛”。该器造型为龟背上的双层仰莲上承一鎏金带盖纽的圆筒，金光闪耀，宛如龟背上竖立一支金色蜡烛，与圆筒自铭“论语玉烛”相合。圆筒内盛放 50 枚金银酒令筹，每枚酒令筹均刻有楷书并鎏金的令辞，上半段采自《论语》的语句，下半段是酒令的具体内容，其中一

枚酒令筹上还刻有“闻一知十，劝玉烛录事五分”字样，“录事”是酒宴中服务的执事，“五分”是指饮酒的数量。可见龟负筒形器即名“论语玉烛”。

唐代宫廷、民间饮酒行令已成风气，目的是在宴饮中增添一些乐趣，通过宴饮娱乐来丰富人们的生活并沟通相互间的关系，使彼此关系更加融洽和谐。考察我国行酒令的具体内容可分四大类：俗令、雅令、通令和筹令。俗令即划拳；雅令是以四书或小说中的人物为题材制成酒令，例如小说《红楼梦》中的鸳鸯牙牌令和水浒叶子；通令即用骰子作为工具，在汉代已经流行，唐代的酒令散已被发现为球形 14 面体，每面刻有各种酒令；筹令就是以酒筹作为行酒令的工具，“论语玉烛”即筹令。饮酒游戏活动是这样的：酒宴开始，令官首席，先饮一杯令酒，然后在玉烛令筹中抽出一枚，同座读出令辞，指出某人来劝酒或罚酒。劝、罚过后，取得抽筹的资格，依次劝罚下去。

这件酒筹器造型奇妙，纹饰华丽，具有很高的工艺技术水平。该器以我国传统的装饰题材龟为座。龟是四灵之一，古人把龟视为祥瑞之物，认为神龟千岁而灵，又知吉凶。唐人以龟命名，取其长寿之意。西安何家村出土的一

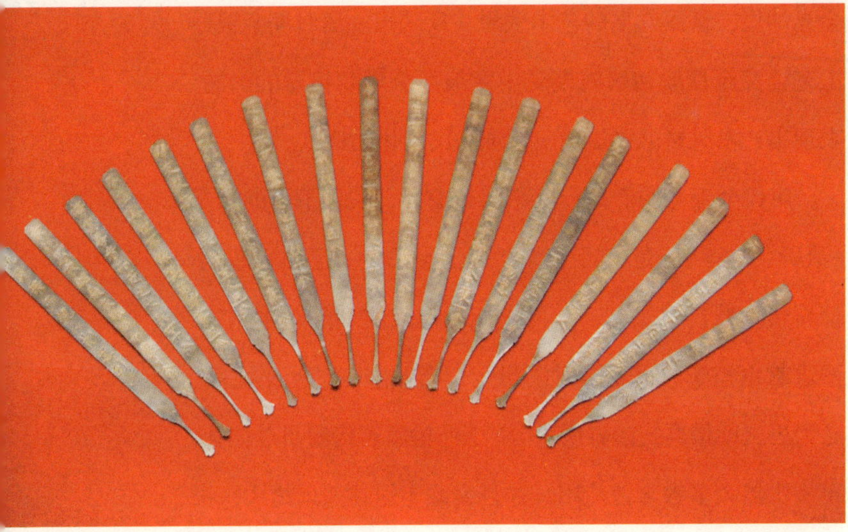

【金银酒令筹】

件桃形银盘的内底也装饰有龟纹，似含有神龟献寿的意思。此器以龟负玉烛作为造型，反映出唐人的思想意识和社会习俗，它正是适应当时世俗生活的需要而出现的新兴的金银器制品。

在装饰风格上，该器采用满地装，即对器物通体装饰。龟背上满饰龟背纹，圆筒上以鱼子纹为地，其间镌刻龙、凤、一飞鸟、鸿雁以及缠枝卷草、流云，纹饰活泼流畅。除地纹及部分龟甲外，余皆鎏金，使整个器物呈现出金光灿烂、富丽堂皇的艺术效果。反映出晚唐时期金银器工艺已完全摆脱初唐时期受中亚波斯萨珊朝银器的影响，表现出艺术风格上更加趋向传统的民族化的特点。

唐代金银器的产地，除京都长安外，长江下游的润州(治所在镇江市)是银器生产的中心地区之一。《旧唐书·李德裕传》载，敬宗时，一再要浙西观察使(治润州)李德裕进献银盥子，可见当时润州金银器制造工艺水平之高，已为唐王朝最高统治者所垂涎。丁卯桥属唐代润州丹徒县，窖藏银器大多数未曾使用，并且窖藏于居住遗址之中，推测论语玉烛酒筹应是8世纪中叶至9世纪中叶润州本地制造的产品。

从出土丁卯桥银器的造型和纹饰分析，这批银器窖藏于中晚唐时期。银器出土于一处唐代居住遗址内，同出的有越州青瓷、邓州白瓷及莲花纹瓦当等，推测是当时官僚贵族的住宅。窖藏时很多器物未用容器盛放，不少银器缺盖少身，未及配套，很可能是由于突发战乱等偶然事件，才临时仓促埋入地下。

鎏金双凤纹银大盒

【唐　镇馆指数★★★★☆】

1982 年 1 月，江苏丹徒县丁卯桥附近发现一处唐代银器窖藏。出土了各种银器 956 件，重约 55 公斤。这是唐代南方金银器工艺的一次重大发现。

在这批窖藏银器中，出土了一对鎏金双凤纹银大盒，

【鎏金双凤纹银大盒】

通高26厘米，腹径31厘米，足径25.6厘米。现藏镇江市博物馆。盒为四出莲瓣形，盖与盒以子母扣相合。盖为直口，直壁，顶部隆起。盒亦为直口，直壁，腹壁下部折收至底，下接外展高圈足。盖面锤刻凸花，以衔草翱翔的双凤为主体，周边刻有八对相向的飞雁，并衬以变形缠枝莲花和鱼子纹地。盖及盒侧壁在鱼子纹地上各刻以缠枝卷叶为主纹的八组奔鹿，上下各镶两道涂金边。腹下部刻八组牡丹团花，圈足一周刻10只飞翔的鸿雁，足缘饰一周花瓣纹，刻花部分通体鎏金。外底刻“力士”、“伍拾肆两壹钱贰分”字样。

银盒外底签刻的“力士”二字，也见于同时窖藏的盆、盘、碟、碗、高足杯、托子、注子、锅、熏炉、令旗、棒、筋、匕、勺等成套银酒具上。据《新唐书·韦坚传》记载，天宝二年(743)，曾汇集各地名产，陈列于长安望春楼下舟中，供皇帝玩赏，其中有“豫章力士瓮饮器”一种。可见契刻有“力士”字样的成套银酒具，与“力士”瓷饮器一样，似表示系名牌产品的意思。

此盒外形呈菱花形，盖面隆起呈弧曲状，腹部上下有明显的折棱，下接外撇的高圈足，整个器物造型端庄华丽。此盒器胎较薄，镌刻图案显出浅隐起效果。图案纹饰

【鎏金双凤纹银大盒】局部

以缠枝花鸟为主，缠枝花草回旋流畅，飞鸟形象姿态各异，生动活泼，如曲颈展翅的凤凰，引颈长鸣的鸿雁，前顾后盼的奔鹿，都显示出浓厚的写实意味。花鸟间呼应和谐，结构上疏密相宜。在装饰方法上采用散点装、满地装以及运用对称的手法，加强了组合间的联系和呼应。腹下部八组牡丹团花图案与圈足展翅飞翔的鸿雁，形成静与动的鲜明对比。整个银盒的装饰纹样，表现出中唐以来新的装饰艺术风格，给人以秀丽、和谐的美感。

银器窖藏地点丁卯桥，地处江南运河入江的要冲之地，唐代漕运和来往船只都要从这里经过，当年丁卯桥畔呈现出一派繁忙的景象。曾经写下千古传颂的“山雨欲来风满楼”诗句的晚唐诗人许浑曾归居丁卯桥，他的诗集即以《丁卯集》命名。丁卯桥在唐代属润州（治所在镇江市）丹徒县。润州是唐代银器生产的中心地区之一。《旧唐书·李德裕传》载，敬宗时，曾两次要李德裕进献银盥子，这两批银器的原料都从淮南收买，然后在润州制造的。镇江甘露寺铁塔基内出土的李德裕于长庆四年、大和三年藏的金棺银椁和丁卯桥这批窖藏银器，应该都是8世纪中叶至9世纪中叶润州本地制造的产品。

丁卯桥银器窖藏于中晚唐时期。与银器同出的还有越州青瓷、白瓷及莲花纹瓦当等，推测是当时官僚贵族的窖藏。中晚唐时期，地方官吏进奉之风兴盛，大量的南方金银器流入宫廷。丁卯桥这批银器很可能是润州地方官吏向皇室进奉的贡品。

鎏金双凤纹银大盒制作精细，纹饰富丽，造型优美，展示了我国南方唐代金银器工艺的崭新风貌，为唐代金银器的精品。

镇馆之宝

华东博物馆

浙江省

Zhe Jiang

有人说西湖是一首诗：一泓清可沁诗脾，冷暖年来只自知；有人说西湖是一幅画：水送山迎入富春，一川如画晚晴新；有人说西湖是一知己：欲将此意凭回棹，报与西湖风月知；有人说西湖是一红颜：欲把西湖比西子，淡妆浓抹总相宜。西湖，山水相印，流动着太多的美景；古今相承，承载着太多的情思。

“越文化”是浙江文化的代称，许多外地朋友正是从越文化了解浙江文化，进而了解浙江。越文化是浙江的骄傲，是浙江走向世界的一张文化名片。二三千年前的浙江大地上活跃着曾经创造了辉煌的良渚文化的越人，他们以强悍的民族精神和百折不挠的坚韧毅力，在这片热土上演绎了一幕可歌可泣的史剧。春秋晚期越人建立的越国从挫败走向强盛的历史，成为中华民族忍辱负重、自强不息精神品格的集中体现。

越国是建立在浙江大地上第一个王朝。从古史传说中的治水英雄大禹开始，到秦始皇派兵灭越君，越国历经了近两千年的发展历程。公元前 473 年，越灭吴后，越国的势力范围曾北抵山东，南入闽台，东濒于海，西达皖南、赣东，雄踞东南，在中国尤其是东南地区先秦史上，地位显赫。越王勾践卧薪尝胆、改革图强的精神彪炳史册；足智多谋的范蠡，在越灭吴后弃官经商，被后人尊为“中华商祖”；中国古代四大美女之一的西施，忍辱负重，传为千古美谈。考古发现则表明，根植于河姆渡文化、马家浜文化和良渚文化基础的越族先民，青瓷器制作、青铜铸剑业和造船业都很发达。举世罕见的越王勾践青铜剑，至今仍可划破20多层纸，锋利无比。越文化的影响力不但光耀大江南北、黄河上下，而且涉及朝鲜半岛、日本列岛和东南亚地区。

这个被称为“越”的人群就是今天浙江人的先祖，他们饭稻羹鱼、习水便舟的故土是浙江人创业的家园。考古学物证昭示，早在历史初期，浙江人的祖先就显示出开拓进取的秉性、坚韧不拔的意志和卓异非凡的智慧。在历史的进程中，他们渐渐融入中华民族的大家庭中，共同铸就了伟大的民族精神。这种精神不仅没有因岁月的流逝而消失，反而在后世的岁月里继续发扬光大，更加熠熠生辉。

浙江省博物馆

玉钺

【新石器时代良渚文化　镇馆指数★★★★☆】

1986年6月，在浙江余杭县反山良渚文化墓地12号墓中发现的玉钺，是良渚文化玉器中首屈一指的珍品。这件玉钺由冠饰、钺身、端饰三件玉器作为主要部件，连接它们的木柄已腐朽不存，但在已腐朽的木柄位置上有朱砂涂痕和上下相对、错落镶嵌的百余颗正面弧凸、底面平整的小玉粒。经实测，全长约80厘米。钺在墓内位置偏于

【玉钺】

左侧，大致可认定钺的柄端握在墓主的左手，钺身在左肩部，冠饰在上端。过去在良渚文化墓葬中虽多次发现了玉钺，但未能将各部位联系起来认识。这次由于浙江考古工作者现场清理的精心，保存了玉钺的完整现象，终于确认了这件玉钺的用途。

钺是由作为复合生产工具带柄穿孔石斧发展而来的，

但后来变成制作精致、没有使用价值的礼器。从良渚墓地中拥有玉钺的主人看，都葬于专门堆筑的土墩上，随葬陶、石、玉等大量精致的器物，以至殉葬奴隶。玉钺成为这些特权显贵的权杖，表示其拥有军事的统帅权，作为军事首领的象征物，对外负责征战杀戮，对内有权统辖下属。到了奴隶社会，玉钺就为青铜钺所替代。文献记载；“汤自把钺，以伐昆吾，遂伐桀”；“商王赐文王弓矢、斧钺，使得征伐，为西伯”（《史记·殷本纪》）；“武王左杖黄钺，右秉白髦以麾”（《尚书·牧誓》）；这都是象征军事统帅之权，反山12号墓出土的这件玉钺，正是最早的实例。

玉琮

【新石器时代良渚文化　镇馆指数★★★★★】

玉琮是中国古代玉器中重要而带有神秘色彩的礼器，它的性质和作用一直是长期讨论、悬而未决的问题。随着地下考古发掘的不断出土，讨论也不断深入。东汉许慎在《说文解字》注：“琮，瑞玉，大八寸形似车，车工

【玉琮】

两字合成一字”。这是对琮的最早定名。根据《周礼》记载，“以苍璧礼天、黄琮礼地”。琮是一种用来祭祀地神的礼器。玉琮的形状内圆外方，中间为圆孔，可能是原始先民“天圆地方”宇宙观的体现，方象征着地，圆象征着天，琮具有方圆，正是象征天地的贯穿。

1986年6月在浙江余杭反山良渚文化墓地12号墓中出土的这件玉琮，器形硕大，纹饰复杂，制作精致，是全面认识玉琮的绝妙例证。出土时位于墓主左肩上方。整器重约6500克，形体宽阔硕大，纹饰独特繁缛，为良渚文化玉琮之首，堪称“琮王”。器型外方内圆，上大下小，中间对钻圆孔。琮体四面直槽内上下各琢刻一“神徽”，为神人兽面图像，神人头戴羽冠，骑跨在一神兽上。整体图案采用浅浮雕和线刻技法雕琢而成。在呈角尺形的长方形凸面上，以转角为中轴线向两侧展开，每两节琢刻一组简化的象征性的神人兽面图案，兽面的两侧各浅浮雕一变形夸张的鸟纹，这种简化的人兽组合结构，代表了良渚文化玉琮纹饰的基本特征。

太湖地区的玉器，从河姆渡文化、马家浜文化、崧泽文化到良渚文化，经历了一个数量由少渐多，制作由粗糙到日益精致，装饰由素面发展到繁复的纹饰，形体

【玉琮】局部

由细小而曰趋大型化的过程。河姆渡文化和马家滨文化的玉器玉质较为粗劣，硬度不高，均为素面无纹的小件管、珠等装饰品，制作工艺还很粗陋，表面磨制较为粗糙，钻孔多对不准而偏离中心，表现出原始特征。至崧泽文化时期，先民们已初步具备鉴定玉材的能力，软玉的使用就是较好的证明，玉器的种类也有所增加，环、斧的出现表明玉器已有大型化的趋向；同时也标志着制作技术的发展。鉴于崧泽文化已开始使用硬度较高的玉制作器物，故推测此时可能已出现了解玉砂。良渚先民在治玉技术上普遍采用解玉砂和水，通过摩擦来切割玉料。玉器上细密的阴线花纹，主要是用手玉直接雕刻的。这些细若游丝的阴线往往由若干条划痕拼组而成，玉器雕成后，表面还要打磨光滑达到光可鉴人的效果。良渚文化的琢玉技术代表了新石器时代用玉工艺的最高水平。

伎乐铜屋

【春秋　镇馆指数★★★★★】

越人在音乐方面到底有什么成就？提起冯小刚的电影

《夜宴》，看过的人一定会记得片中周迅演唱的那首《越人歌》。《越人歌》相传是中国第一首译诗，《越人歌》是一首中国古代使用壮侗族语言的古老民歌，公元前528年，楚国令尹鄂君子皙举行舟游盛会，盛会上，越人歌手对鄂君拥楫而歌。一位懂得楚语的越人给子皙翻译道：“今夕何夕兮？搴洲中流，今日何日兮？得与王子同舟。蒙羞被好兮，不訾诟耻。心几烦而不绝兮，得知王子。山有木兮木有枝，心悦君兮君不知。”子皙被这真诚的歌声所感动，按照楚人的礼节，双手扶了扶越人的双肩，又庄重地把一幅绣满美丽花纹的绸缎被面披在他的身上。那么，越人的精神生活是什么样的呢，浙江省博物馆藏的伎乐铜屋提供的多方面信息，让我们对越人生活的认识变得较为丰满和清晰。1982年在绍兴市坡塘狮龛子山306号墓的壁龛中发现的伎乐铜屋，全屋通高17厘米，平面为长方形，面宽13厘米，进深11.5厘米。这是一个三开间房屋的模型，明间较两侧次间多0.3厘米。正面没有墙和门，仅立着两根柱子，其余三面有墙，呈透空格子状，背墙中间开一格子窗。室内跪坐六人，束发裸身，造型生动，各司其职：二人双手相交于小腹，应是乐伎；其他四人或做吹笙状，或做抚琴弹拨状，或做执槌击鼓状，或做执棍击筑状，当为乐师。屋顶是四角聚集的尖顶，上面摆放着7厘米高的八角柱，柱顶还有一只鸟，器身密布大面积的具有南方特色的纹饰。

伎乐铜屋是目前已知的唯一一座先秦时期的青铜房屋模型，这种经过艺术加工的模型虽然未必能够准确反映民间住屋的具体形制，但通过它多少能获得一些当时建筑的信息。铜屋中的奏乐人则反映了越人音乐生活的生动场景，铜屋八角柱上的大尾鸠还传递了越人精神生活的另一类信息，那就是越人的鸟崇拜。伎乐铜屋所提供的信息使越人生活的画面变得较为丰满和清晰。此外，在306号墓出土的三件带有铭文的青铜器，其中有两件是徐国铭文，包括伎乐铜屋在内的一组风格相似的器物，都被认为是徐器，是随着吴灭徐、越又灭吴之后，作为战利品进入越国的。伎乐铜屋的背后还透露了关于越人与徐人的关系、族别与阶层的情况，以及青铜器铸造技术的传播、文化与政治的碰撞等诸多信息。

这件伎乐铜屋从外观来看，小巧精致，但制作工艺非常复杂，现今比较权威的一个说法是古人采用的分筑法，就是把屋顶、乐器、乐师分开浇筑完成以后，再铸造铜屋的主体，最后用铜和锡作为焊接剂把它们焊接起来，这种

【伎乐铜屋】

工艺即使在今天来说也是非常难得。

铜屋究竟表现什么样的主题，对此也有多种解释。一种意见认为，从表现场景看，铜屋是一个戏台，正面无门无墙，可供观看。然而，如果是演戏，为何里边的人都是裸体？于是又被解释为是以娱乐性为主旨的房中乐。可从整座铜屋来看，屋顶有一根铜柱，柱上有一只大尾鸠，这应是古代越国时期的图腾，因而不像是性表现的场面。青铜器上出现裸身男女，此前也有过，如山东莒县出土的西周鼎形器，盖上铸有男女相对的裸身形象。江苏涟水三里墩出土男女三人环立的铜座，有性行为表现，可能是为祈求子嗣繁衍，与越地出土的伎乐铜屋的场景有所不同。那么，伎乐铜屋反映的会不会是古代越族的巫术活动？从《越绝书》的记载来看，古代越地是有巫术场地和活动的，如“巫山者，越鬼扁神，巫之官也，死葬其上，去县十三里”。但由于资料缺乏，当年的巫术活动是不是有类似铜屋中的场景，尚无可靠证据加以证明。由于缺少相应的史料记载，墓中其他出土物也找不到可作佐证的迹象，因而伎乐铜屋的作用至今还没有一个令人信服的答案。

彩凤鸣岐七弦琴

【唐　镇馆指数★★★★★】

古琴又称“七弦琴”，顾名思义，它是七弦构成。今天所能见到的“古琴”，在约两千年前就基本定型，再早的“琴”，各种制不一，据文献记载和出土文物的证明，古琴定型之前还用五弦，定音与现在的古琴差不多。古琴造型优美，按照琴体的项、腰形制的不同来区分，常见的形式有伏羲式、仲尼式、连珠式、落霞式、灵机式、蕉叶式、神农式等。琴漆有断纹，它是古琴年代久远的标志。由于长期演奏的振动和木质、漆底的不同，可形成多种断纹，如梅花断、牛毛断、蛇腹断、冰裂断、龟纹等。有断纹的琴，琴音透澈、外表美观，所以更为名贵。古代名琴有绿绮、焦尾、春雷、冰清、大圣遗音、九霄环佩等。

浙江省博物馆收藏的彩凤鸣岐琴，在形制上属于落霞式，造型古朴、典雅，背面漆上有冰裂断和小流水断，美丽而别致。龙池上方有“彩凤鸣岐”琴名，下面有近代琴学大师杨宗稷的三段鉴藏赞美铭，龙池腹腔内有正楷“大唐开元二年雷威制”题刻，可证是流传至今罕见的“唐琴”。说到千古名琴，当然就要谈到传世唐琴，现存的唐

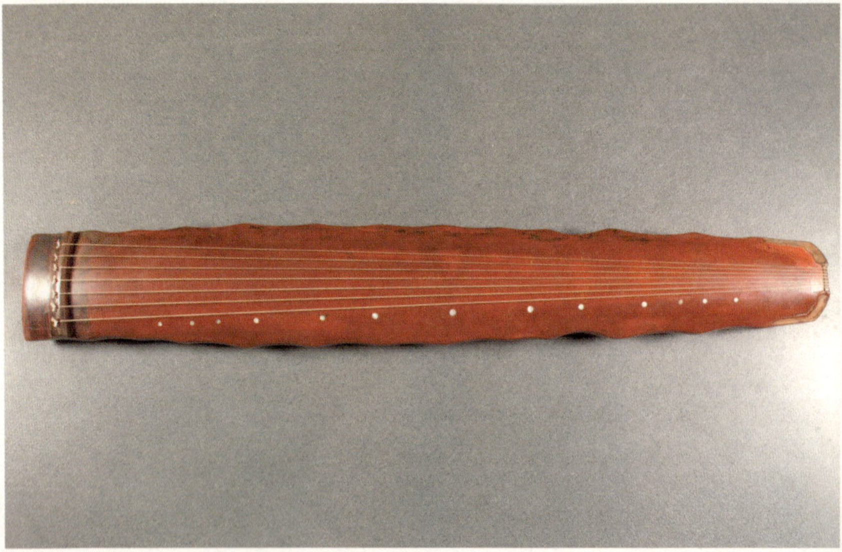

朝古琴无论从音质、形制还是历史价值，皆是历代琴器中不可多得的顶级至宝。所以，传世唐琴，实是历代文人梦寐以求的神品。此琴是杨宗稷“半百琴斋”中最珍爱的琴，并著录于《琴学丛书》。在民国古琴界就有着超凡的地位，是琴界高人苦苦追寻的绝品。“彩凤鸣岐”琴，虽历经沧桑，却仍能弹奏出悦耳动听的琴曲。更让人称奇的是，音质绝佳，极富感染力，在存世唐琴中音质属上乘，也恰好印证了杨宗稷对它的高度评价：“声音绝佳”、“可谓凤毛麟角矣”。

古琴还是古代人修身养性，自己弹自己听的乐器。如孔子当年跟师襄子学琴，就成了一位难得的好学生和优秀的琴家，这则故事也为后人所称颂。它的演奏技法非常丰富，在右手八法，右手四法的基础上，加以种种变化与复合，发展出近五十多种不同指法，演奏者可使用一旋律奏出几十种不同的音色、色彩丰富，再现力强。古琴的主要作品“梅花三弄”、“流水”、“渔舟唱晚”等。古人之说“琴、棋、书、画”中的“琴”即指古琴，用以概括中华民族的传统文化。历代涌现出许多著名演奏家，他们是历史文化名人，代代传颂至今。隋唐时期古琴还传入东亚诸国，并为这些国家的传统文化所汲取和传承。近代又伴随着华人的足迹遍布世界各地，成为西方人心目中东方文化的象征。

春秋战国时期，古琴的独奏音乐已具有一定的艺术表现能力，如伯牙弹琴子期善听的传说。当时有名的琴师有卫国的师涓，晋国的师旷，郑国的师文，鲁国的师襄等；著名的琴曲如《高山》、《流水》、《雉朝飞》、《阳春》、《白雪》等，均已载入史册。

阿育王塔

【北宋　镇馆指数★★★☆☆】

雷峰塔原矗立在夕照山峰上，位于杭州西湖南岸南屏山下净慈寺前，原是净慈寺塔。雷峰为南屏山向北伸展的余脉，濒湖隆起，林木葱郁。但民间因塔在雷峰之上，均呼之为雷峰塔。原塔共七层，重檐飞栋，窗户洞达，十分壮观。雷峰塔曾是西湖的标志性景点，旧时雷峰塔与北山的保俶塔，一南一北，隔湖相对，有“雷峰如老衲，保俶

【阿育王塔】

如美人”之誉，西湖上亦呈现出“一湖映双塔，南北相对峙”的美景。每当夕阳西下，塔影横空，别有一番景色，故被称为“雷峰夕照”。至明朝嘉靖年间，塔外部楼廊被倭寇烧毁。塔基砖被迷信者盗窃，致使塔于1924年9月25日倾圮。许仙与白娘子的传说和鲁迅两论“雷峰塔的倒掉”，都使雷峰塔蒙上了许多神秘色彩。

杭州雷峰塔地宫出土的阿育王塔，由纯银捶揲成型，整体铆焊套接。塔方形，由基座、塔身、塔顶三部分构成。基座下面用方形银板封护，塔座的每侧以菩提树、禅定小佛像4尊相间作装饰。塔身方形，四面圆拱形龛内镂刻摩诃萨埵太子舍身饲虎、月光王施宝首、尸毗王割肉贸鸽、快目王舍眼等佛教本生故事，人物外表鎏金，四角各有一护法金翅鸟。塔身的最上层用忍冬及兽面纹作装饰。塔刹由刹杆、五重相轮和顶部的摩尼宝珠等构成，塔刹的底座装饰12朵覆莲，五重相轮上饰忍冬、连珠纹、底轮最大，往上渐收。塔完整无缺，为首次发现的吴越银阿育王塔，塔身镂刻的佛教故事在所发现的阿育王塔中最为清晰全面，是研究阿育王塔的最新资料。此塔是五代吴越国末代君主钱俶于北宋开宝五年（972年）开始营建雷峰塔时专为雷峰塔打造，银塔内置奉安“佛螺髻发”的金棺。金棺银塔其意义等同于金棺银椁，是瘗埋佛舍利的最高规格。

塔身一面刻画的萨埵王子舍身饲虎故事，是讲曾是萨埵王子的佛祖释迦牟尼，有一天与其他几位王子一同入山，忽然看见一只母虎生下七只小老虎，因为体力不支饥饿将死。萨埵王子顿生怜悯之心，就走进竹林，脱衣卧地，准备把自己的肉躯喂养给母虎，但饿虎竟然连吃的力气也没有了。王子见状，再从高山跳下，以竹尖刺颈出血，饿虎见状，遂舐血啖肉的故事。在阿育王塔这样的佛教圣物上讲述这种佛教本生故事，展示了释迦牟尼成佛前忍受痛苦、自我牺牲，终于苦修成佛的历程。

黄公望剩山图卷

【元　镇馆指数★★★★☆】

黄公望与富阳有着不解之缘。他遍游名山大川，却独钟情于富春山水，晚年结庐定居富春江畔的筲箕泉，在这里度过了他人生最辉煌的时期，留下了一大批杰作。从此，

【黄公望剩山图卷】（后页图）

黄公望的名字与美丽的富春江紧密地联结在一起，富春江是造就他成为一代大师的摇篮，而他也为美丽的富春江增添了夺目的光彩。

黄公望(1269—1354)，字子久，号一峰，大痴道人，江苏常熟人。擅长画山水，多描写江南自然景物，以水墨略施淡彩的浅绛风格为主，与吴镇、王蒙、倪瓒并称元四家。他学画生涯起步较晚。然由于生活坎坷，寒暖自知，所绘山水，必亲临体察，画上千丘万壑，奇谲深妙。其笔法初学五代宋初董源、巨然一派，后受赵孟頫熏陶，善用湿笔披麻皴，为明清画人大力推崇。他的山水画大致有两种风格：一作浅绛色，山头多岩石，笔势雄伟；一作水墨，皴纹较少，笔意简远逸迈，充分体现出“寄兴于画”的思想和“浑厚华滋”的笔墨效果。

《富春山居图》是黄公望七十九岁高龄时开始创作的。这幅纵33厘米，横636.9厘米的长卷，是他生活在富阳，又以富春江为题材推出的力作。为了画好这幅画，他终日不辞辛劳奔波于富春江两岸，观察烟云变幻之奇，领略江山钓滩之胜，并身带纸笔，遇到好景，随时写生，富春江边的许多山村都留下他的足迹。深入的观察，真切的体验，丰富的素材，使《富春山居图》的创作有了扎实的生活基础，加上他晚年那炉火纯青的笔墨技法，因此落笔从容。千丘万卷，越出越奇，重峦叠嶂，越深越妙，既形象地再现了富春山水的秀丽外貌，又把其本质美的特征挥洒得淋漓尽致。这件宏幅巨制直到他谢世前不久才告完成，前后倾注了大约七年的心血，这是画家与富春山水情景交融的结晶。

展开画呈现在我们面前的是富春江一带秋初景色：丘陵起伏，峰回路转，江流沃土，沙町平畴。云烟掩映村舍，水波出没渔舟。近树苍苍，疏密有致，溪山深远，飞泉倒挂。亭台小桥，各得其所，人物飞禽，生动适度。正是“景随人迁，人随景移”，达到步步可观的艺术效果。这幅山水画长卷的布局由平面向纵深展宽，空间显得极其自然，使人感到真实和亲切，笔墨技法包容前贤各家之长，又自有创造，并以淡淡的赭色作赋彩，这就是黄公望首创的“浅绛法”。整幅画简洁明快，虚实相生，具有“清水出芙蓉，天然去雕饰”之妙，集中显示出黄公望的艺术特色和心灵境界，被后世誉为“画中之兰亭”。

元代以来，历代书画家、收藏家、鉴赏家，乃至封建帝皇权贵都对《富春山居图》推崇备至，并以能亲眼目睹这件真迹为荣幸，使得这卷宝图既备受赞颂，也历尽沧桑。在辗转流传过程中，曾引发出乾隆年间有趣的“富春疑案”，弄得乾隆皇帝神魂颠倒，误判真伪；也曾因收藏家的酷爱而遭焚烧毁容之灾。明朝末年富春山居图传到收藏家吴洪裕手中，吴洪裕极为喜爱此画，每天不思茶饭的观赏临摹。甚至在临死前下令将此画焚烧殉葬，幸被吴洪裕的侄子及时从火中抢救出，但此时画已被烧成一大一小两段，前段较小，称“剩山图”；后段画幅较长，称“无用师卷”。乾隆年间，一幅富春山居图被征入宫，乾隆皇帝爱不释手，但在隔年又一幅富春山居图进入清宫。前者称“子明卷”是后人伪造；后者是“无用师卷”，这才是黄公望的真迹。但乾隆皇帝认定“子明卷”为真，并在假画上加盖玉玺，并和大臣在留白处赋诗题词，将真迹当赝品处理。直到近代学者翻案，认为是乾隆皇帝搞错了，从而保住了一个完整的无用师卷。

杭州历史博物馆

水晶杯

【战国　镇馆指数★★★★★】

古往今来，人们出于对水晶这种玉石的珍爱，曾赋予它一串极富美感的雅称。一个古称，一则典故，一种美誉，一段异趣。

水晶，中国最古老的称法叫水玉，意谓似水之玉，又说是“千年之冰所化”。唐代诗人温庭筠写道：“水玉簪头白角巾，瑶琴寂历拂轻尘”。水玉一词最早频繁出于

《山海经》。司马相如《上林赋》曰:“水玉磊河”。水晶得名水玉，古人是看重 " 其莹如水，其坚如玉 " 的质地。

杭州历史博物馆收藏的水晶杯 1990 年出土于浙江省杭州市半山镇石塘村战国墓。杯高 15.4 厘米，口径 7.8 厘米、底径 5.4 厘米。敞口平唇，杯壁斜直呈喇叭状，底圆，圈足外撇，酷似今天我们使用的玻璃杯。杯身通体平素简洁，透明无纹饰，整器略带淡琥珀色，器表经抛光处理，器中部和底部有海绵体状自然结晶。此杯是用整块优质天然水晶制成的宝用器皿，国内罕见。它不仅是迄今为止我国出土的早期水晶制品中器形最大的一件，就其制作技巧与工艺水平而论，实令人惊叹，堪为无与伦比的珍品。

《山海经》中，水晶又被称作水碧:“又南三百里，日耿山，无草木，多水碧”，郭璞注:“亦水玉类”。这种称谓常被文人所引用，晋代郭景纯《璞江赋》道:“瑰，水碧潜”。水晶又有人称它叫玉瑛。《符瑞图》载:“美石似玉，水精谓之玉瑛也。”

水晶为何称为水精？《广雅》有巧解:“水之精灵也”;李时珍则说: " 莹洁晶光，如水之精英”。细加考究，此称还蕴含浓厚的宗教意味呢！“水精”一名，最初见于佛书，后汉支曜翻译的《具光明定意经》说:“其所行道，

【水晶杯】

色如水精”。后来，在安世高翻译的阿那邸化《七子经》中，水晶被列为四大宝昆藏之一，支娄迦谶译成的无量清净《平等觉经》称，水晶为七宝之一。佛家弟子确信，水晶会闪射神奇的灵光，可普度众生。于是水晶被尊崇为菩萨石。《谈苑》说："嘉州峨眉山有菩萨石，形六棱而锐首，色莹而明澈，若泰山狼牙上饶水晶之类"。

温州博物馆

青釉点彩盘口鸡首壶

【东晋　镇馆指数★★★★☆】

鸡首壶，以壶嘴做成鸡首状而得名，作为酒器，既能符合日常生活的需求，又可以满足人们观赏的欲望。三国末年始见，风行于世，历经魏晋南北朝的不断演进，唐代初期被功能相同的执壶取代。工匠取动物的形象为瓷器造型，集三代铜器中鸟尊、牺尊之造型优点，塑造出众多外观优美，经济实用的像生瓷，开创了青瓷的一代风尚，享有盛誉。

西晋时期的鸡首壶具有鸡头短小、无颈等特点，虽神情毕肖，但鸡首不通壶腹，不能倾注；在与鸡首相对的部位作一微凸的鸡尾，首尾呼应，纯粹作为装饰。到了东晋，正如温州博物馆所藏此壶的形制，鸡首高冠引颈，昂首远眺，鸡首与壶身相通，尖状口改为圆筒形；更变鸡尾为圆环形柄，上端接于口沿，下部连于器肩，便于握持和倾倒，融器物的观赏和实用于一身。这件温州博物馆藏的青釉点彩盘口鸡首壶，是1958年温州雨伞寺东晋永和七年(351)墓出土的，器高19. 5厘米，口径8.1厘米，底径11，2厘米，浅盘口，细筒颈，球腹，平底，肩塑对称桥形系一对，造型端庄自然、俊俏匀称，器身弧线和折线的有机结合，更添挺拔中见柔和的韵律美，通体洋溢着浑厚质朴、秀丽清新的魏晋风范。此器胎土白净，器表施薄釉，呈浅青色，微泛绿，透明光亮，给人若“翠峰天青”的感受。

这件东晋青釉点彩盘口鸡首壶的肩、腹部由褐色圆点构成圆一和半圆形上下交叉的八个图案。内各饰联珠花一朵，纹样排列疏密得体，极是雅致美丽；盘口、鸡首及鋬上也点施褐彩斑，形如豆状，褐中泛黑，在青釉的映衬

【青釉点彩盘口鸡首壶】

下，光泽明亮。褐斑装饰，多圆弧线纹、连续菱形纹、联珠形花纹、散点梅花纹等几何图案，颇具异国情调，很可能受当时佛教信仰和外来艺术的影响，从而丰富了传统图案的内容。青瓷器褐斑的装饰，最初是因釉或坯的某部分，含铁量过高而偶然形成，进而有意识地变这些缺陷为美化的特殊手段，通常以铁为呈色剂，用毛笔在素胎上点缀斑点纹样，再罩以透明釉，入窑减温烧造。深浅不同、富于变化色调的褐斑紧贴胎骨，即使釉层剥落，但彩色依存，柔和雅致。褐釉点彩，首开彩绘瓷的先河，改变了单色青瓷的传统，为以后釉下彩绘瓷的成功烧造开辟了道路，是陶瓷装饰艺术的一项重大发明。

浙江温州一带的越窑青瓷烧造成功的时候，兴盛瓯窑缥瓷，因其色如晋代一种淡青色丝帛而得名，流行于六朝，晋代潘岳的《笙赋》中，有“披黄苞受甘，倾缥瓷以酌酃”之句，就是对青瓷的极力推崇。青瓷的制作发展到东晋时期，造型偏重经济实用，装饰趋于简便，质而不华。常常通体光素，仅在肩、颈、口沿等部位装饰一立道弦纹，少数器物上也使用一水波纹和莲瓣纹，唯瓯窑青瓷独创釉下褐斑装饰，为其他瓷系所不见。这种釉下褐斑工艺始于西晋，东晋至南朝早期流行，普遍在器物的口沿、盖面及肩、腹部醒目处，以点彩的多寡、大小、参差及线条的横竖环曲，变化出多姿多彩的优美图案。使用起来灵活简易，既能独立成纹，又可以复合成样，比其他动植物等类纹样更常用于各种器形。

镇馆之宝

华东博物馆

山东省

Shan Dong

山东地处黄河下游，源远流长的黄河、挺拔雄伟的泰山与浩瀚博大的海洋，共同创造了这片神奇的土地，孕育出辉煌灿烂的齐鲁文明。东临大海，地处北温带，为黄河入海口的古代山东，雨量充足、水源丰富、河流纵横、土地肥沃，山高林密，为人类提供了巢居穴处的便利和采集捕猎不尽的资源，提供了舟楫渔盐等人类必不可缺的生存条件和极大的交通便利，提供了开发农牧业、保障人类生命延续和安宁生活的生态环境，是古代文明发展最早的地区之一。生活在远古山东地区的原始居民，创造了光辉灿烂的远古文明，为中国古代文明的起源作出了巨大贡献。

华丽的彩陶、温润的白陶、雅致的磨光黑陶，分组摆放、错落有致，交相辉映；从“日、月、山”陶符、丁公陶文到大辛庄发掘出土的甲骨文，生动诉说着汉字的起源与传承；传世的或发掘出土的青铜重器，摆列有序，肃穆威严，典重大气，彰显钟鸣鼎食的贵族气派；华美昂贵的玉礼器、优雅精致的装饰玉，更增添一份典雅和浪漫。

在由蒙昧的旧石器时代进入新石器时代后，经北辛文化、大汶口文化，达于野蛮时代鼎盛期；在海岱龙山文化阶段进入文明时代，出现了最初的古国群；其后又经历了夏代东夷言国群的岳石文化发展阶段；至商代，受到商王朝的征伐和礼制的浸润，海岱区出现了夷、商国族“插花”分布的态势，形成了两源的商代东土方国文明，开始了夷夏融合的历史之路；进入西周时期，周王朝的文明政策加速了海岱区夷夏文明的趋同与融合；春秋时期礼崩乐坏，齐国首创霸业，海贷诸国也得到发展机会，形成了繁荣的齐鲁化圈；战国时期齐国为争取统一天下作了全面准备；秦帝国的建立，使百川汇海，海岱文化最终汇入秦汉文明的巨流。

山东博物馆

红陶兽形壶

【新石器时代大汶口文化　镇馆指数★★★★☆】

进入新石器时代后，聪明的先民们逐渐在生活实践中，创造出与人类生活息息相关的陶器。这是史前时期人类生活的重大发明之一。制作上正如明代科学家宋应星在《天工开物》一书中总结的为“水火既济而土合”，可以说是“泥与火的结晶”。陶器虽然容易残破，但埋藏中不会腐烂，它便成了史前人类活动的重要见证。

【红陶兽形壶】

红陶兽形壶是大汶口文化时期陶器的典型代表。红陶兽形壶，1959年出土于泰安市大汶口遗址，壶高21.6厘米，夹砂红陶质，通体施红色陶衣，陶衣鲜亮油润。这件壶的造型像是胖胖的小猪，拱着鼻子，张着嘴巴，耳穿小孔，短尾上翘，憨态可掬。今人在喜爱它生动可爱的造型同时，更感叹它极具实用的制作构思。当时的先民从陶壶尾部圆筒形的注水口注水，用水时通过“小猪”张着的嘴巴倒出，同时背部制作了便于提携的拱形提梁。壶的所有用途巧妙地融入造型中，是大汶口文化时期先民们生活体验和艺术智慧的结晶，代表了当时陶塑造诣的最高水平，是5000年前难得的一件艺术珍品。无论从哪个角度观赏红陶兽形壶，人们都会为它朴拙可爱的外形而忍俊不禁，忍不住有上手把玩一番的冲动。

大汶口新石器时代遗址，位于大汶河两岸的宁阳堡头和泰安大汶口附近。1959年在汶河南岸堡头村西发掘墓葬133座，出土遗物包括陶器一千多件，其中有红、灰、黑、白各色陶器，间有精美的彩陶，石器、骨器及动物骨骼亦甚丰富。考古学界将大汶口遗址文化及与其相类的文化遗存命名为“大汶口文化”。

红陶是中国最早的陶器品种之一，红陶的烧制原理是在陶器烧制到一定程度将窑内火焰的性质控制为氧化焰，在氧化气氛焙烧下，陶土中的金属铁大部分转化为三价铁，烧成的陶器即呈现红色。红陶分细泥红陶和夹砂红陶两种，陶土比较纯净细腻、含细砂极少者，称为细泥红陶，主要做饮食器具和盛储用具。陶土中掺有细砂者，能耐火，主要做炊具用，称为夹砂红陶。红陶是大汶口文化中产生时间最早、延续时间最长的一种陶器，其色泽明丽，符合原始人对血与火的原始崇拜。并且随着生产力的发展以及制作能力的提高，新石器时代陶器的造型上逐渐过渡到有目的性地模拟较为复杂的动物造型。

红陶兽形器在新石器时代中发现不多，山东博物馆所藏的这件兽形壶雕塑自然生动，几近天人合一。从造型上可以看出，大汶口文化的先民们已经掌握了动物各部位的比例结构和体形外表的不同凹凸高低，是家畜饲养业在原始造型艺术上的生动反映。

陶器的发明和使用，是人类在长期的社会实践过程中，依靠对大自然的探求发现和运用的结果。

八角星纹彩陶豆

【新石器时代大汶口文化　镇馆指数★★★★☆】

八角星纹彩陶豆，是大汶口文化先民使用的盛食器皿，山东泰安出土。高 26. 2 厘米，口径 29. 5 厘米，足径 14. 8 厘米。现藏山东省博物馆。器形作敛口侈沿，深盘圆底，下有喇叭形高把，造型规整匀称，浑厚稳定。陶豆表面及口沿部装饰了鲜明绚丽的彩绘图案，沿面的彩绘比较简单，先施一层白色陶衣，然后用黑彩描绘八组相对半月纹，半月纹之间绘黑彩短竖五道。器表先施红色陶衣然后绘彩，腹部为白彩八角星纹六组，八角星纹基调为方形，每面两角，构成八角，中央为一竖向长方孔。八角星的外侧边缘用黑线钩边，星纹之间画两条白彩肥壮竖线纹，组成一幅简洁明快的抽象图案。豆把绘两道白彩圆弧纹，圆弧纹由两条相对的弧线构成，每个圆弧纹很像一个圆括号。整个图案结构新颖，纹样别致，为一般彩陶纹样所不见，给人以新鲜优美的感受。

大汶口文化是距今五千多年前的一种新石器时代文化，主要分布在山东的鲁南地区及江苏的淮北一带。大汶口文化彩陶与仰韶文化彩陶、马家窑文化彩陶，以及其他

【八角星纹彩陶豆】

新石器时代文化彩陶相比，具有自己的鲜明特点，最突出的不同有两点：一是大汶口文化彩陶绘制图案纹样多用多色彩（或称复彩），一幅图案往往白、红、褐、黑各彩，同时并用，所以图案色彩鲜明，绚丽灿烂，而其他彩陶则多为单色彩，或红或黑，色彩比较单一；二是彩绘纹样图案别出一格，创造了许多不同于常见的勾叶纹、弧线三角纹、圆点等的图形，如八角星纹，花瓣纹、禾束纹、连贝纹、连栅纹等等，包含了极丰富的内容，也因此受到学术界的格外重视。

艺术是一定社会生活在人们头脑中反映的产物，人们也总是把自己最熟悉的对象作为艺术的题材，彩陶的各种图案纹样，无疑是原始社会先民对客观事物的艺术再现，所以，彩陶器上所描绘的图案纹样，不仅是研究原始艺术的重要材料，也是研究原始社会人们生活、生产的重要形象资料，可惜我们现在还不能全面正确地辨识阐明其真正的含义和所反映的物象。

人类社会处在原始社会发展阶段时，尚未发明文字，以“结绳记事”，因此，作为观念形态的图画，就成为上古时代人们生产活动、思想意识等的重要记录。例如，我们如果正确解读八角星图案是上古时代人们对夜晚天空中光芒闪烁的星星的描绘，那我们就可由此知道一些古人对天象的认识了。再如，连栅纹、禾束纹，如果真是栅栏的抽象，禾束的再现，我们可以比较具体地了解到古人的生活和生产情况。诸如此类，彩陶图案对我们研究上古时代的历史、文化、思想、艺术等有着至为重要的价值。

彩陶器在新石器时代文化陶器中，所占比重很小，据大墩子遗址的统计，彩陶约占陶器总量的4%，所以，彩陶器在当时就是为数不多的艺术品。这件八角星纹彩陶豆，制作技术和彩绘工艺都相当精湛，星纹的线条劲挺流利，白彩竖纹又具肥厚丰腴的韵致，显示了原始艺术的无限魅力，是一件美不胜收的艺术珍品。

蛋壳陶高柄杯

【新石器时代龙山文化　镇馆指数★★★★★】

蛋壳陶，是典型龙山文化所特有的一种陶系。器形仅见高柄杯一种，其特征是器表呈黝亮的黑色，器形规整，器壁极薄，最薄处接近蛋壳，但质地却极坚硬。由于其薄如蛋壳，故称为蛋壳陶。1930—1931年，中央研究院历史

【蛋壳陶高柄杯】

语言研究所的考古专家们，在山东章丘县龙山镇发掘城子崖遗址时，首次发现了蛋壳陶，后来蛋壳陶就成为典型龙山文化的特征性器物。

龙山文化是主要分布在黄河中、下游的一种新石器时代晚期文化，距今约三千九百至四千四百年。由于蛋壳陶在龙山文化遗址中出土甚少，直到五十年代学者们对它的了解也还是很不全面，只能根据“其形式的轻巧、精雅、清纯之处，也只有宋代最优良的瓷器可以与之媲美”的描述来体会。六十年代，在山东姚官庄遗址的发掘中，出土了一批蛋壳陶，这时蛋壳陶的真面目才被人们更清楚地认识了。

蛋壳陶器仅见高柄杯一种。说它薄如蛋壳决不是夸大之词，据实测所得，器壁最薄处仅 0.2 ~ 0.3 毫米。这种器物的器身往往留有细密的旋纹，无疑这是由快速陶车成形所致。它的造型规整、质地细密、器壁厚薄均匀、色泽光亮漆黑，即使在今天，制陶的能工巧匠也很难轻易仿就。

这件蛋壳陶高柄杯，由山东日照龙山文化遗址出土，高 26.5 厘米，现珍藏在山东省博物馆。整个器形可分为三部分，上面是一个敞口、侈沿、深腹杯；中部是高柄把，把两端细，中间部圆鼓，如一个倒置的花蕾，透雕中空，表面饰锥刺纹；下面为覆盆状底座。由一根细细的长管将三者连为一体，整体造形显得轻巧秀致，而且整器烧成后毫不变形，可见当时制陶技术的高超，代表了龙山文化制陶艺术的最高水平。

在田野考古发掘中，这种制作精美的蛋壳黑陶高柄杯，很少在一般遗址中发现，往往集中出土于大中型墓葬之中。这种情形表明，蛋壳黑陶杯在当时可能是一种高级“奢侈品”，决不是一般氏族成员所能使用，只能是被少数氏族首领或军事领袖所独占，用以显示其尊荣的身分和显赫的地位。龙山文化已处于原始社会瓦解的发展阶段，这种阶级的分化、社会分崩离析的情形，也在这蛋壳黑陶高柄杯上反映出来了。

蛋壳黑陶高柄杯是龙山文化的典型器物，可是它只存在于山东地区的龙山文化遗存中，越出山东地区就见不到这类器物了，而其他具有山东龙山文化特征的器物，如鬶、鸟首形足鼎等，都能随处见到，这种情形较为特殊，目前虽然还不能作出清楚的解释，但有一点则可以肯定，可能是由于蛋壳黑陶质料与一般陶土不同，高难度的制作技艺，以致使它在地域上没有能走出龙山文化的山东一隅。

在山东地区以外的龙山文化遗址中，有些地方亦称发现蛋壳陶，其实那是一种胎壁厚在2毫米左右的磨光黑陶而已，并不是真正的蛋壳黑陶。真正的蛋壳陶，不仅分布地域有限，存在时间也不长，它的极盛时期约在龙山文化中期稍早阶段，到了晚期，高柄杯的器壁相对变厚，而在晚于龙山文化的任何遗存中，则再也见不到它的踪迹了，这也是蛋壳黑陶格外珍贵的一个原因。

亚醜钺

【商代晚期　镇馆指数★★★★☆】

现藏山东省博物馆的人面纹钺，1966年出土于山东益都苏埠屯一号大墓。同出的人面纹钺共有两件，我们介绍的这件人面纹钺是其中铸有铭文的一件。钺长32.7厘米，刃宽34.5厘米，肩宽23.3厘米，方形内，肩部有两长方形穿孔，钺身作镂空人面纹，眉、瞳、鼻突起，狰狞可怖。刃角外侈，在正背两面的人面形口部的两侧，各有一个“亚醜”铭记，铭文左为正写，右为反书。

钺，《说文解字》里说是斧之大者，可见钺是由斧发

【亚醜钺】

展而来的。钺除了其实际用途为兵器和刑罚器外，还有其特殊的用途，即作为王权的象征物。殷墟出土的早期甲骨文字中，王字写法有的象斧钺之形，王字字形系后来逐渐演变而来，距原来所象之物越来越远，但即使在后来的金文中，王字下面一横也有写作月牙形，正是象钺之刃口。为什么王字写作斧钺之形，那是因为钺是执掌在古代帝王手中的威重一时的信物。我们从历史上有名的武王伐纣的战争中，就可看出钺的重要地位和特殊的象征意义。公元前 11 世纪某年初春，周武王率军渡黄河北上，在商都朝歌郊外牧野誓师，宣布了纣王罪状，这时武王左手就持着黄钺(青铜钱)，右手拿著白色的战旗。商纣军队被击败后，商纣王自焚而死，周武王就是用手中所持的代表王权的铜钺，斩下纣王的头，悬于白旗之上；又用玄钺(铁制，故为黑色)斩下纣王宠爱的妃子的头，悬于较小的白旗之上。由此可见，钺一方面具有王权的身分，一方面又有执行刑罚的权用。这在史籍里也有明白的记载，《礼记·王制》："诸侯赐弓矢而后征，赐铁钺而后杀。"在西周青铜器铭文中，我们也经常可以看到周王赐有功者弓矢与斧钺的记载，其用意也正是授予生杀大权，让他们代周王行征伐之事。正是因为钺是代表王权的信物和体现国家法律尊严器物，所以在后世帝王出巡的车驾中，也载以斧钺，以象征君王的威严。在苏埠屯大墓出土的这两件人面钺，形制巨大，远远超出了实用器的标准，且成对出土。它所代表的无疑是某种等级和权力。苏埠屯一号墓的规模较之殷墟王陵虽稍逊，但形制与殷陵相似，墓中并殉葬48人，墓主人的身分当属于方伯一类。人面钺上的“亚醜”铭记，应该就是墓主人所属氏族的族徽。新中国成立前，在苏埠屯曾出土有几组印有同样铭记、制作十分精美的青铜器，应该与苏埠屯一号墓为同时期、同一族的遗物。关于这个地区的历史沿革，《汉书·地理志》说：“少昊之世有爽鸠氏，虞夏时有则季，汤时有逢公百陵，殷末有薄姑氏，皆为诸侯，国此地。”据此，在殷末周初，这一带乃是薄姑氏所居，而“亚醜”族文化应该就是薄姑氏的文化遗存。关于薄姑氏，文献资料语焉不详。就目前所知，当殷之末世，薄姑氏是殷商在东夷主要盟国之一。武王灭商后，薄姑氏可能并未臣服，成王初即位，武庚、管、蔡叛乱，一时东夷并起，薄姑氏参与其事，并是主要成员之一，也因此被覆灭。而此地就给了师尚父(姜太公)，是为齐国。“亚醜”铜钺的出土，为研究薄姑这一殷末重要方国，提供了不可多得的实物资料。

颂簋

【西周晚期　镇馆指数★★★★☆】

在山东博物馆的青铜器展厅，有一件大约3000年前的西周青铜器。它端庄而精美，尤其珍贵的是，在器盖和器身底部有152字的铭文。3000年前的这件青铜器，有着怎样的价值？所刻铭文记载了一件怎样的历史事件？在入藏山东博物馆之前，又经历了哪些曲折的流传过程？

所谓颂簋，是一个叫颂的官员制造的簋。颂簋通高30.1厘米，口径24.2厘米，重13.2千克。隆盖，顶有圈

【颂簋】

形把手，圆腹，圈足，圈足下有三个兽面象鼻形足。腹部两侧有一对兽首耳，下有垂珥。口沿上下各饰窃曲纹一周，盖与腹均饰横条脊纹，圈足饰垂鳞纹，形制庄重而大方。颂簋最珍贵地方是它的铭文。颂簋的腹内和盖内都铸有铭文，铭文内容相同，这叫“对铭”。铭文各15行152字。铭文大意是：周王三年五月，颂在京城觐见天子，天子命颂在成周洛阳担任官职，并赐给他礼服、旗帜和马具等。颂接受册命后，向天子献上玉璋表示感谢。事后铸造了颂簋、颂鼎和颂壶等青铜礼器，以纪念受册命这件事。颂簋的铭文，内容是一篇完整的册命，对于研究西周的历史特别是册命制度有重要参考价值。簋在商周的时候，是用来盛放黍（大黄米）、稷（小米）等食物的盛食器。商周时代人们吃饭是席地而坐，簋就放在席子上，里面装着食物，供人们从簋里取着吃。鼎是炊器，主要是煮肉，簋则是盛放谷类素食的，两者组合，可能是古人吃饭也讲究健康饮食，荤素搭配。簋的种类很多，大致可以分为圈足簋、方座簋、四足簋、三足簋和高圈足簋。颂簋属于三足簋，就是圈足下面另有三个小矮足，这种簋在西周晚期非常流行。除了当作生活用具，在西周时期，簋和鼎一样也是重要的礼器，并以偶

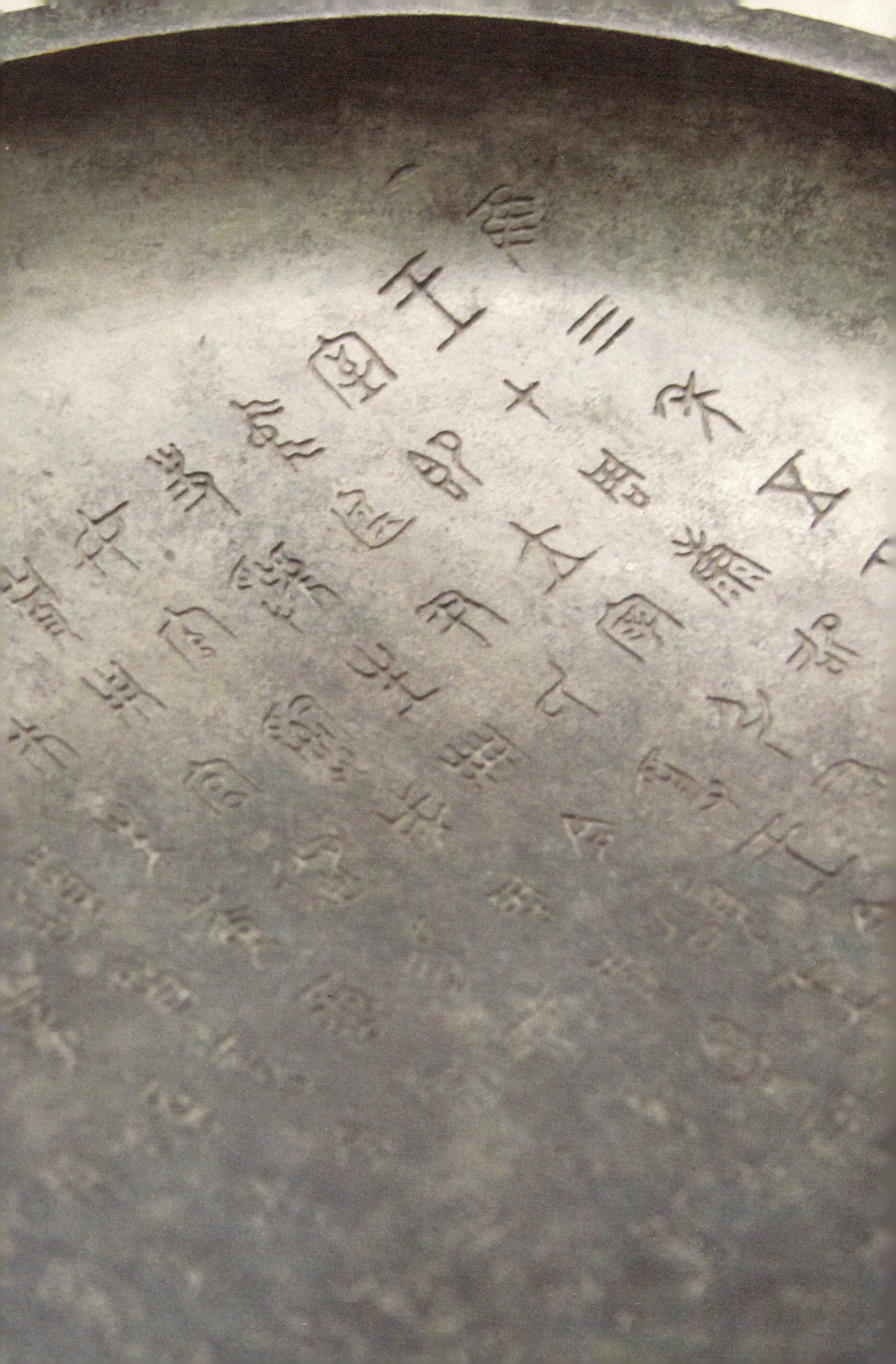

数和鼎配合使用，使用者身份高低不同，使用的数量也不一样。当时天子用九鼎八簋，诸侯七鼎六簋，大夫五鼎四簋，元士三鼎二簋。

在西周，铜被称做金，本身就是稀缺资源，用现在的话说叫做战略物资，为统治阶级所垄断，铜礼器为贵族专享，具有“器以载礼”的作用，是维护秩序，巩固统治的需要，其在制作上推陈出新，精益求精也就无足为怪了。

颂簋上的这种铭文是金文最成熟的形态，是西周王室在西周后期使用的标准书体，书法价值很高。颂簋出土于陕西，根据推断，应该是西周中晚期战乱频繁，颂氏家族在往东逃亡的过程中匆匆将其窖藏起来的。地不爱宝，青铜礼器重见天日，颠沛流离，或存或逸，见证了两百年的中国近代史，其经历恰是中国命运的缩影。颂簋铭文中有一句“子子孙孙永宝用”，联系到颂簋流传的曲折经历，我们或许可以将这句话看作美好的祝愿，同时也是对后世的警策。

《孙子兵法》、《孙膑兵法》竹简

【镇馆指数★★★★★】

1972年4月，山东省博物馆和临沂地区文物管理部门在临沂市银雀山考古发掘了两座西汉墓葬，墓中出土了大批汉简及陶器、漆器、铜器钱币随葬器。其中汉简的发现特别引人注目，它的内容不仅涉及到我国古代的历史、哲学、兵法、历法，而且对于古文字学、书法艺术乃至简册制度等方面的研究，也都提供了珍贵的资料。这是我国文物考古工作的重要发现之一，因为一次出土这么多先秦古籍和古书佚本，这在过去是十分罕见的。

在我国古代，书籍多写在竹、木或丝织品上，前者称简册、后者即帛书。《尚书·多士》曰："惟殷先人，有册有典。"可见早在商代就已经出现了简册。古人使用简册有一定的制度。银雀山汉简的形制、书写格式、篇题的处理及各式符号的运用等，都从不同的角度反映出汉代的简册制度。

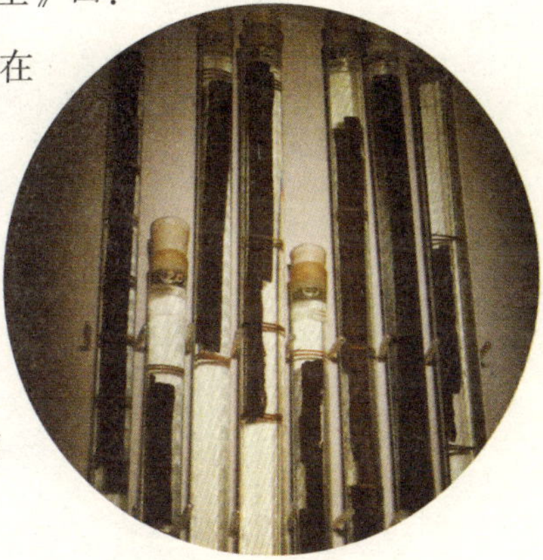

【《孙子兵法》、《孙膑兵法》竹简】

这批竹简经刮削、烤炙而成，做工精细。它的两端平整，无刀削痕迹，系先用锯锯而后锉磨而成。在书写格式上，这些汉简存在着上下各留空白、不留空白、自上而下写满以及图表等形式。竹简上的文字属早期隶书，字体有工整与草体两大类，前者庄重而不呆滞，后者流畅而不轻率。银雀山西汉简共出土古代兵书四部，即《孙子兵法》（105 枚）、《孙膑兵法》（232 枚），《六韬》（54 枚）和《尉缭子》（36 枚），另有西汉武帝《元兴元年历谱》及其他内容的竹简。

《孙子兵法》的作者名孙武，字长卿，齐国乐安（今山东惠民）人，春秋末期军事家，大约与孔子同时。曾以《兵法》十三篇呈献吴王阖闾。吴王选派宫内美女一百八十名，拿戟列队，听从孙武操演。鼓击令下，宫妇不听指挥，孙武三令五申，还是没有效果。孙武以军纪处斩两名队长（吴王心爱之人），女兵才服从号令，认真操练。这就是历史上有名的孙武“演阵杀嫔”的故事。吴王阖闾深知孙武确实能用兵，便委以重任，率吴军大破楚军，扬威齐晋。

孙武著有《孙子兵法》十三篇，《史记》有传。《汉书·艺术志》载录《吴孙子》即是。因该书载录《孙子兵法》

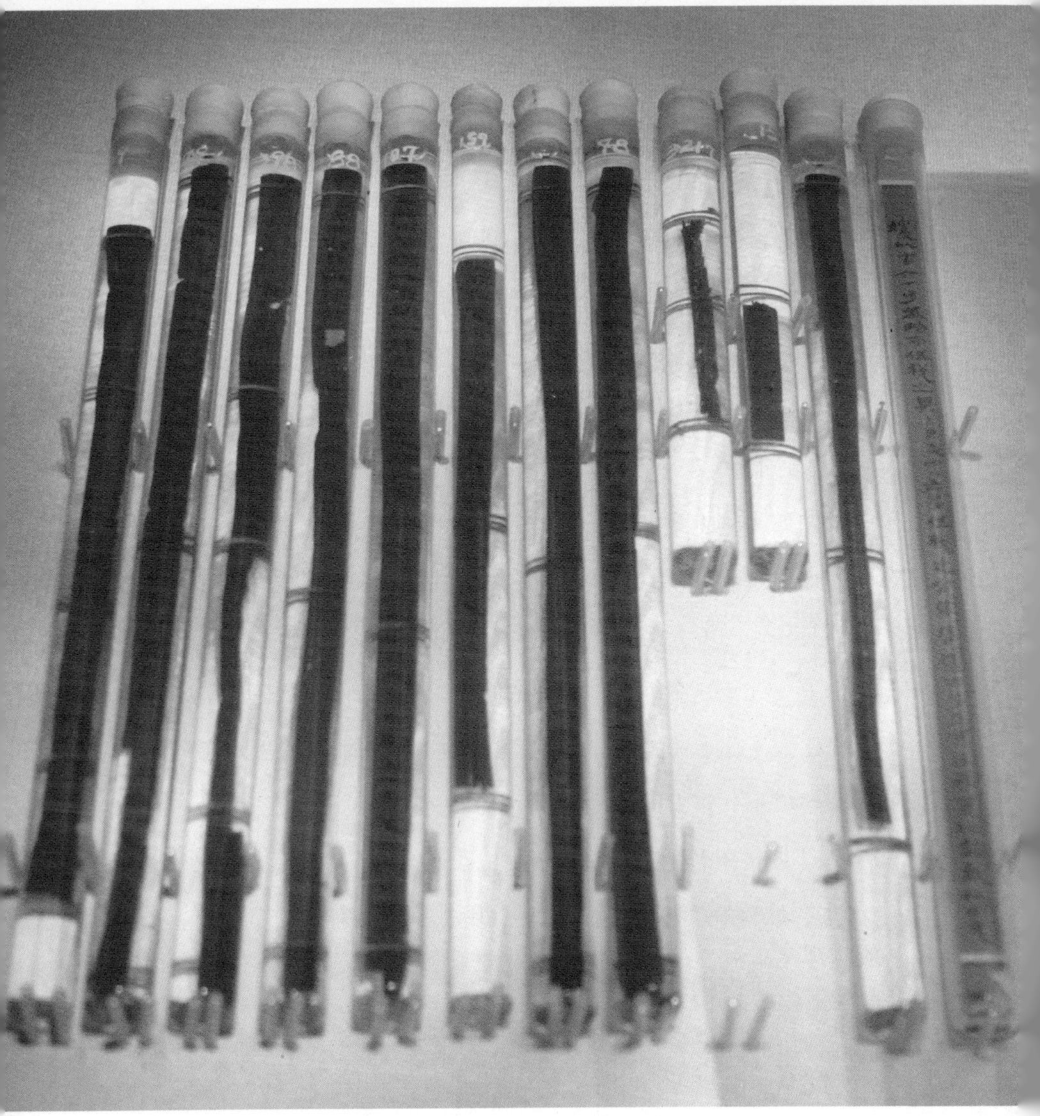

【《孙子兵法》、《孙膑兵法》竹简】

八十二卷，图九卷，曾引起后人怀疑，说现在流传的《孙子兵法》十三篇是汉末人的著作。《古仿伪书考》上就有此说：唐代杜牧注批孙子序上也说孙武的书原有数十万言，曹操削其繁剩，笔其精粹，以成此书。后来清四库提要称杜牧之说不足为信，现在银雀山汉墓出土了《孙子兵法》十三篇，每篇至少一简，多则十几简，更证实唐代杜牧之说失实。此外，明清两代也都有所争论，近代著名学者梁启超等不但怀疑《孙子兵法》其书为伪，甚至怀疑孙武、孙膑为同一人。也有人以春秋一代重要史书《左传》不见孙武、遂得出孙武不是春秋时期人的结论。其实，作为史书而言，并不见得春秋一代任何重要人物、重大事件都会在《左传》上出现，不能认为除《左传》外，就别无信史。关于这个问题，清初的学者孙星衍有独到的见解。他在论《孙子兵法》时说："诸子之文者皆后世之门人小子撰述成书，惟此是其手定，且在列、庄、孟、荀之首届，真古书也"（《问学堂集》卷三《孙子略解序》）。孙星衍又说："杜牧疑为魏武（曹操）所删削者，谬也"（《孙渊如外集》卷三《重刻宋本孙子、吴子、司马法序》），临沂银雀山汉简的发现，使他的说法得到了证实。

东平汉墓壁画

【汉　镇馆指数★★★★★】

2007年10月，山东省东平县城区内一处建筑工地在施工过程中发现汉代壁画墓。鉴于早期彩色壁画对保存环境要求极为苛刻，必须置于恒温恒湿的环境中，否则将难以保证壁画的完整和鲜艳程度，考古人员决定，立即将出土壁画运回山东博物馆，开辟具有恒温恒湿功能的专用库房进行抢救保护。东平汉墓壁画画面色彩艳丽，造型比例

【东平汉墓壁画】

匀称，线条流畅，刻画细腻精美，形态生动逼真，反映出汉代画匠高超的艺术水准和绘画技巧，这些汉墓壁画为山东迄今发现年代最早、保存最完好、艺术水平最高的壁画，填补了山东省汉代考古的空白，在全国也极为罕见。

壁画绘制在白色石材之上，石材加工平整，因此只是在表面涂抹白地，直接在白地上绘制的。除了人物形象，壁画中还有鸡、狗等动物的形象，富于生活气息。壁画内容包括敬献、谒见、斗鸡、宴饮、舞蹈等场面。其中尤以绘制于门楣内侧的 12 个人物形象神态各异，眉须飘然，栩栩如生，精心描绘出的汉代武士形象，摆放在门口，也是护卫墓主人、避免打扰的目的。

这处墓地是一处家族墓地，时代约从西汉末年到东汉早期，在多座墓葬中，石椁和砖砌券顶墓并存。依据山东地区汉墓的特点，石椁墓是典型的西汉墓样式，砖砌券顶和多室墓又是东汉墓葬的特色，但是还没有发现东汉晚期结构复杂的多室墓，因此墓葬的时代应为东汉早期。1 号墓的壁画内容丰富，布局匀称合理，保存完好。壁画石材加工平整，因此只是在表面涂抹白地，直接绘制。墓顶绘制云气纹和金乌，象征天空和太阳。门楣绘武士，著短褐、着草鞋或者赤脚，须发皆张，肌肉发达，表现出武士张扬的个性和辟除邪恶的才能。经过发掘，发现1号墓多次被盗，随葬品几乎没有遗留下来，反而是壁画保留了下来，成为汉代人们生活形象直接的描述。

东平这座汉代壁画墓，是迄今为止发现的保存最完好、内容最丰富的一座壁画墓。“孔子见老子”问礼故事，亦分为两幅。先是孔子、老子二人相对，老子略显瘦小，身稍外侧，右手抬至胸部，左手微曲置于胯部，微微侧首看向孔子，似有拒绝之意。孔子身材则显魁梧肥胖，身体前倾，双手拢于胸前，首微扬，面向老子躬身作谦虚问礼状。第二幅则是二人互相拱手相对状，犹如尽兴交谈。孔子到底长什么模样？两千多年来世人一直没有定论。东平汉墓布衣打扮的孔子像表明，在当时的老百姓心目中，孔子就是一位普通布衣学者。东平汉墓发现的这幅孔子壁画是目前山东唯一一幅保存完好的孔子问礼故事绘画图，孔子面部的胡须清晰，皱纹满额，鼻翼高挺，颈后凸瘤，形象写实。这幅存世两千年左右的孔子画像，为研究这位古代先贤圣人的实际形象提供了珍贵的实物资料。这座汉代壁画墓壁画内容较为丰富，既有历史故事，又有礼俗记载，还有民间娱乐场面。尤其是孔子见老子问礼的故事，虽然在汉代画像石中常见，但在汉代壁画墓中却基本不见。

九旒冕

【明　镇馆指数★★★★★】

山东博物馆所藏九旒冕，是1971年于明代鲁王朱檀墓出土的，是我国目前难得的保存完好的明初亲王冕冠实物。冕冠通高18厘米、綖板长49.4厘米、宽23.5厘米、筒径18.5厘米。该冕冠是在藤篾编制的圆筒状“冠式”上面覆盖一个木质长方形綖板。綖板前后各垂九旒，每一个旒贯穿红、白、青、黄、黑五种颜色的玉珠。冕冠镶着金圈、金边；帽子两侧有梅花金穿，贯一枚金簪。在中国古代，皇帝之冕和九旒冕在形制上区别仅在于垂旒上，据《明史》记载，明朝天子之冕前后分别垂着12道旒，每道旒上有12颗玉珠，共垂玉珠288颗。太子用11旒、11珠，亲王只能用9旒、9珠，但象征皇权事关封建国体的十二旒冕冠，至今没有一件实物出土，因此明鲁王朱檀的这顶九旒冕则更显珍贵。

冕，是帝王的礼帽，皇帝、太子、封王的专署配饰。冕冠的形制在过去绘画中常见，像武梁祠汉代刻石上的黄帝、尧、舜天子像，唐代阎立本画的历代帝王图，宋代作的晋文公复国图，明人所作圣迹图中的孔子像等都有出

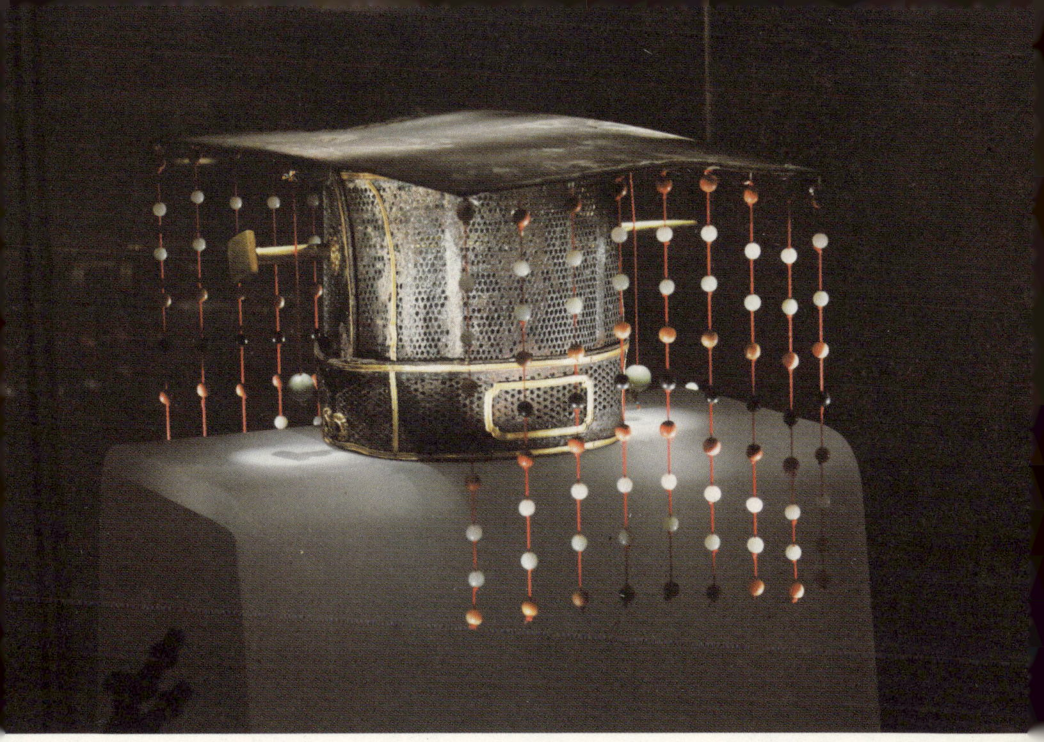

【九旒冕】

现。明鲁王陵出土的器物中，不仅有他生前所戴的九旒冕，还有皮弁、乌纱折上巾、织金缎龙袍、中单纱袍和玉带、玉佩等稀世的明代冕服和佩饰，那么九旒冕前后垂下的九旒又有什么讲究呢？史书中对这一垂旒的冕冠有各种说法，如《汉书》中说垂旒是为了提醒帝王或亲王面对臣子时应当“举大德，赦小过，无求备于一人之义也”，意思是说坐在大堂之上，头戴垂旒之冕的帝王或亲王应当彰显大德，注重大局，可见古代冕冠的垂旒还有劝诫的寓意。

秦始皇称帝之时，所戴之冕为十二旒的通天冕，通天冕原为秦冕，秦统一中国后，实行了这一帝王冕冠的形制，一直沿用到清末都没有改变，但明朝之后，皇家亲王的九旒冕却被废止。在明鲁王陵中，除了这顶九旒冕外，还有皮弁、乌纱折上巾两种冕冠，皮弁高 21 厘米、宽 31 厘米，藤篾编制，前后各有九道缝隙，每缝压有金线，缀着九个五彩玉珠，镶有金边和金圈。

说起冕冠的主人，大家不会感到陌生，他就是被朱元璋谥为“荒唐”之名的“荒王”朱檀。朱檀(1370—1389年)，是明朝开国皇帝明太祖朱元璋第十子，洪武三年出生。1370 年 5 月 2 日(明太祖洪武三年四月初七)，明太祖朱元璋诏诰天下，封其年仅两个月的儿子朱檀为鲁王。朱檀自幼礼贤下士，博学多识，好诗书礼仪，颇得朱元璋喜爱，十五岁就藩兖州，辖兖州府四州二十三县。后来他信奉道教，终日焚香诵经，烧炼“仙丹”，求不老之药希冀长生，最终适得其反，“金石药，毒发伤目”，本来有大好前程的鲁王就这样命丧黄泉，年仅 19 岁。朱元璋得知此事后非常恼怒，认为朱檀的行为荒唐至极，因此给了他一个恶谥，名叫“荒王”。

济南市博物馆

彩绘乐舞杂技陶俑

【西汉　镇馆指数★★★★★】

1969年，在山东济南市无影山一座西汉早期墓中，出土了这组彩绘陶塑的乐舞杂技俑。它是一件十分成功的古代造型艺术品，为我们重现了这个时代兴起的“百戏”的舞台缩影。迄今为止，它是我们看到的一个最早的乐、舞、杂技的舞台演出场面。摆在我们面前的舞台是一个长67厘米、宽47.5厘米的陶盘，二十多个彩绘陶俑被固定在

【彩绘乐舞杂技陶俑】

这个陶盘上。

舞台是演出的中心，台前为首的一人着宽大朱色衣，束按带，向前伸张双臂，似是戏班的导演或报幕人在向观众介绍演出节目。由导演者引出三组内容各异的舞蹈、杂技、柔术表演。导演者身后为第一组，由身着一红、一白颜色的文彩舞衣的两女子，摆动长袖相向起舞。这大概是汉代傅毅《舞斌》描写“罗衣从风，长袖交横”的长袖舞，因为这种舞蹈自战国至西汉深受欢迎，风行朝野；导演者右侧前方第二组两个头戴尖顶枯色帽、身穿紧身及膝短衣的青年男子作举足倒立的“拿大顶”表演，这是我国杂技传统功夫——“顶”的基本动作。导演者右侧后方第三组是另两个衣着相仿的青年男子在作柔术表演，一人作难度较大的反后腰动作，另一人似是这个动作的继续，全身倒翻，双足分置在头上的两侧，双手握住足胫，极似现代杂技的“叼花”动作。舞蹈者动作轻飘，高难的杂技软功，柔术演出者的神态自若，构成了一个热烈精彩的场面。配合这三组演出的还有后台的管弦乐(笙、瑟)、打击乐(鼓、钟)组成的乐队，从左到右，我们可以看到吹笙、鼓瑟、捶鼓、敲钟、击缶的各种有节奏的姿态。后右角最后一个捶击大型“建鼓”者，面向全体乐伎俑，可能是兼作乐队指挥。为了渲染这场表演的气氛，舞台两侧分别站有两组围观的陶俑，是演出的助兴者，左侧四人头饰环形高髻，右侧三人头戴有束带的冕形冠，东西两组皆长衣广服，束腰带，拱手相向而立。这件舞台演出模型告诉我们舞蹈、杂技在古代有时是同台演出，而且是配以音乐来进行的，有导演、有指挥，也有助兴者。西汉泥塑艺人在一个长度不到一米、宽度不到半米的舞台上，塑造了各有特点的人物群像，并使人物主次分明、布局井然有序，是颇费匠心的。通过人物的静、动对比。衬托出乐、舞、杂技、柔术的动态，发挥了作品的艺术效果。塑造的人物造型虽然古拙，但很传神，加上俑身都用朱、黄、粉、紫、赫等色彩绘，更增强了艺术形象的生动性。

关于“百戏”，《汉书》和张衡的《西京赋》以及东汉砖刻、画像石等文献、实物材料均有详细记述和反映。《西京赋》中对“百戏”演出的描写十分生动，提到的节目丰富多彩，诸如“娜乌获扛鼎”、“都卢寻幢”、“跳剑丸”、“走索”、“戏豹舞熊”、“白虎鼓瑟”、“吞刀吐火”、“画地成川”、“东海黄公”等等，内容有歌舞、杂技、幻术、马戏，当时的“首戏”规模宏大，场面壮观，轰动中外。著名的山东沂南汉代画像石的“百戏角抵图”，刻有乐、舞、“百戏”的生动场面，内容包括跳丸、跳剑、戴竿、七盘舞、走索、马戏、车戏、高撞等表演和乐师演奏各种乐器的情况。河南密县打虎亭一号汉墓，墓壁绘有彩色的百戏图，均可作为《西京赋》的图解。但是作为“百戏”中乐、舞、杂技的立体形象，无影山西汉墓发现的彩绘乐、舞、杂技俑群及其平面布局的舞台模型，可以说是首次，它对于研究西汉时期的音乐、舞蹈、杂技艺术具有头等重要的观摩作用，是值得我们珍视的。

载人载鼎陶鸠

【西汉　镇馆指数★★★★☆】

汉代厚葬的社会风尚是促成汉代陶塑工艺繁荣昌盛的重要因素。由于执政者的提倡，厚葬之风泛滥。东汉还专门设置了负责冥器制造的官方机构，并规定了社会各阶层葬仪所用陶质冥器的规格。厚葬之风虽然导致了社会财富的浪费，但从另一方面又推动了汉代陶塑的发展。

汉代陶塑具有鲜明的写实风格，陶塑简朴豪放的造型，开拓了作品内在的容量和其外的蕴义，显示出一种一

【载人载鼎陶鸠】

往无前的力量和蓬勃旺盛的生机。1969 年在济南市无影山西汉墓出土了一组汉代陶塑器物，不仅具有艺术欣赏价值，而且具有很高的学术研究价值，为研究汉代社会经济生活及阶级关系提供了丰富的实物资料。

无影山西汉墓是济南考古发掘中比较有特色的遗迹之一，清理并发掘了十四座汉代土坑墓。其中 1 号墓规模最大，随葬陶器最多，有陶鸠、陶车马及彩绘乐舞杂技陶俑群。形制别致简朴的陶塑造型，充分说明了汉代陶塑艺术的特色。这件彩绘载人载鼎陶鸠俑，通高 53.5 厘米，宽 45 厘米，泥质灰陶。陶鸠昂首挺立，短喙，身体肥硕有力，颈部及胸部墨绘鳞片状羽片，双翼平展，长尾微翘，两足踏于方形底座上。鸠鸟背上立有 3 人，着褐色衣人双手执圆盖伞，伞前着朱色宽衣博服二人拱手对立，头饰环形高髻。鸠鸟两翼各载一鼎，形制相同，方身，浅腹，鼎足作人形。这件陶鸠鸟时代风格明显，造型简单古朴，构思精巧，堪称汉代陶俑奇珍，藏于济南市博物馆。

淄博市博物馆

矩形龙纹铜镜

【西汉　镇馆指数★★★★★】

1978年，对于淄博的文物考古工作来说，是特别值得庆贺的一年。为了配合胶济铁路复线的建设，考古工作者对座落在临淄区大武乡窝托村旁的一座汉初齐王墓的陪葬坑进行抢救性的发掘，出土了一万两千余件文物。在这其中，一件矩形龙纹铜镜引起了专家们的极大关注。当时，它静静的躺在兵器坑内，身体已经断为三截，岁月的侵袭使它锈迹斑斑，历史的尘埃蒙蔽了它昔日的光彩。经过专家们精心的修复、磨砺，这件沉埋于地下一千多年的文物珍品，终于重见天日，焕发出昔日的光彩。

矩形龙纹铜镜长 115.1 厘米，宽 57.7 厘米，厚 1.2 厘米，重达 56.5 公斤。镜背面饰有龙纹图案，花纹突起 0.1 厘米，图案卷曲纠错，线条刚劲流畅。边缘饰连弧纹，四角及中间有五个拱形三弦钮，钮长 5 厘米，宽 3.5 厘米，高 3.2 厘米，柿蒂纹座，中间饰龙纹，形象生动，神采飞扬。望着这件稀世珍品，考古专家连声惊呼：这是一次了不起的发现，它的出土不仅打破了铜镜王国斑斓之梦的平静，而且为我国的古镜史增添了一笔重彩！

面对这面铜镜，人们不禁要问，它的出土为什么会在考古界引起如此大的轰动？它的重大历史价值究竟又是什么呢？镜子的作用最初是用来整容的。在古代，最初人们只能在水边照容，陶器出现后，便用陶器盛水来照面，铜器出现后，贵族便用铜盆盛水，这种铜盆便叫做“鉴”，随着制盆工艺的发展，光亮的盆底不用盛水也可照面，于是人们便把铜盆扁平化，最后进化为平面的铜镜。作为家中常用的器物，为了更加美观，背面便出现了花纹，为了便于支撑，便在镜的背面增加了钮。中国是世界上使用铜

【矩形龙纹铜镜】

镜最早的地区之一。从距今四千多年的齐家文化算起，历经商、周、春秋战国、秦、汉、隋、唐、宋、明，一直到清乾隆以后，铜镜才被玻璃镜所代替。漫游铜镜王国，探索铜镜的发展历程，矩形龙纹铜镜是我国至今发现的最大的一面，是铜镜家族中的大哥大。不论是新石器时期的“七角星纹镜”、商代的“叶脉纹镜”、西周的“鸟兽纹铜镜”、春秋战国时的“双龙凤纹镜”还是秦朝的“斗兽纹镜”、汉朝的“伍子胥画像镜”以及唐朝的“云龙纹镜”、“瑞兽葡萄纹镜”等，真可谓是琳琅满目，美轮美奂。然而，这面形制巨大，具有王者之风的矩形龙纹大铜镜被称为“铜镜之王”是不容置疑的。

这面铜镜的纹饰具有战国晚期至汉代初期的特点，但是，铜镜背面的柿蒂纹饰通常认为是在西汉武帝时期才开始出现的，这一点已从长沙马王堆汉墓出土的朱地彩绘漆棺和广州越秀山南越王墓墓室壁画的纹饰得到证明。由此断定，矩形龙纹大铜镜为秦汉时期所铸造。它的出土打破了秦汉以前的铜镜以圆形为主导一统天下的认知，充分证明了秦汉时期铜镜的铸造技术已经达到了相当高的水平。同时也体现了中国古人天圆地方的哲学思想，为研究秦汉时期的经济、文化提供了新的依据。

一件文物便是一部历史，从它们身上可以折射出时代的光芒，传送着历史的信息，是那个时期社会形态、经济发展、文明程度的见证。

龙兴寺窖藏造像

【西汉　镇馆指数★★★★★】

1996年10月5日清晨，在巨大的推土机的轰鸣声中，几位在龙兴寺遗址施工的工人用推土机推出了几段石人的残腿断臂。消息不胫而走，迅速地传到了青州博物馆。当业务人员小心翼翼地清理掉耕土层和厚50厘米的黄土层后，大家一下子都惊呆了，雕凿精美绝伦、贴金彩绘的佛像呈现在大家面前。由于现场人群聚集，鱼龙混杂，大家强压心中的兴奋与激动，在搞清楚龙兴寺窖藏佛像的范围后，考古人员采取分区发掘的方式仔细清理，逐一编号、拍照后，由当地驻军帮助护送至博物馆收藏。

盛放窖藏佛像的窖穴东西长8.7米，南北宽6.8米，深2米，面积近60平方米。此次发掘共出土各类佛教造像400余尊，钱币142枚，陶瓷器2件。其中，佛教造像为出土的主要文物，大者高3.2米，小者不足20厘米。时代从北魏、北齐，历隋唐直至宋代，年代跨度超过500年。质地包括石灰石、汉白玉、花岗岩、陶、铁、木、泥塑等。更为可贵的是，大部分造像身上都保留着贴金彩绘。其出土佛造像数量之大，雕刻之精，贴金彩绘保留之完整，时间跨度之长，前所未有，龙兴寺窖藏佛像先后被评为1996年全国十大考古新发现和20世纪百大考古新发现。

据清光绪《益都县图志》记载，龙兴寺在府城西北隅，本是刘宋时期的一座私人舍宅为寺，建筑规模狭小，没有正式的寺名。经过北魏、东魏近百年的发展，规模日益扩大。北齐武平四年(573年)，朝廷正式赐额南阳寺。唐宋时期是龙兴寺发展的又一个重要时期。随着寺院经济的发展，龙兴寺不断地建立别院扩展自己的地盘。

从北魏中期开始，青州地区便利用当地盛产的石灰石雕凿佛像，这一时期的造像风格深受中原影响，秀骨清像的形象，褒衣博带的服饰，成为当地佛教造像的主流。其衣饰厚重，体态偏向修长，面瘦肩削，形象清俊儒雅。东魏时期，造像受到南梁张僧繇所创骨气奇伟、面额丰颐的画风影响，由清瘦逐渐转向丰腴。到北齐时期，青州地区的造像呈现出崭新的风貌，一种有别于北魏孝文帝以来

“褒衣博带”式的新式造像兴起，被学术界称为“青州风格”。造像面相圆润，长眉杏目，嘴角含笑，衣衫薄衣贴体，衣纹简化，有的甚至周身不雕刻衣纹，以展露身体曲线的优美与起伏。北齐时期是“青州风格”佛教造像的成熟期，其显著特征是背屏式造像构图的程式化和卢舍那法界人中像的大量出现。这时，青州已成为中国东部的佛教艺术中心和造像中心。

然而，关于龙兴寺窖藏佛像被毁的时间和原因却一直是未解之谜。有学者认为是宋徽宗尊崇道教，强制佛教改号所造成的。宋徽宗赵佶登基后，无子的他面临皇位继承的难题。这时，道士

【龙兴寺窖藏造像】

刘混康建议，要使宫中有多男之祥必须把京城西北的地势加高。宋徽宗言听计从，下令在京城西北修建冈阜。此后，后宫果然生子渐多，宋徽宗从此笃信道教，并对佛教实施打击，士庶拜僧者，以“大不恭”论罪，并下令禁止出家为僧。佛教自历史上的“三武灭佛”之后，又一次遭到劫难。同时也有学者认为佛像被毁的原因是金兵入侵青州造成的，时间可确定在南宋高宗建炎三年 (1129 年) 左右。金灭北宋，宋康王赵构继位于南京应天府，是为南宋之始。从此，金又开始进攻南宋的战争。在这战火纷飞的年代，青州作为当时的军事重镇，自然不能幸免。以上两种说法只是学者们的大胆推理和猜测，青州龙兴寺佛教造像窖藏谜团的彻底揭开还有待于更直接的考古资料和文献资料来考证。

汉魏碑刻陈列馆

乙瑛碑

【东汉　镇馆指数★★★★★】

《乙瑛碑》的碑文是记载东汉桓帝元嘉三年(153年),孔子的十九世孙孔麟廉因孔庙有礼器，无常人掌领，请置百石卒史一人，以掌管礼器及春秋的祭祀。鲁相乙瑛言于朝，司徒吴雄、司空赵戒奏于皇帝。经皇帝批示由鲁相择四十岁以上通一艺者任之。当时乙瑛已满秩而去，后任相平，以孔新为百石卒史，并以其事回奏。碑文即其时的公赎。

由于此碑无额，文前亦无碑名全称，所以它的碑名，

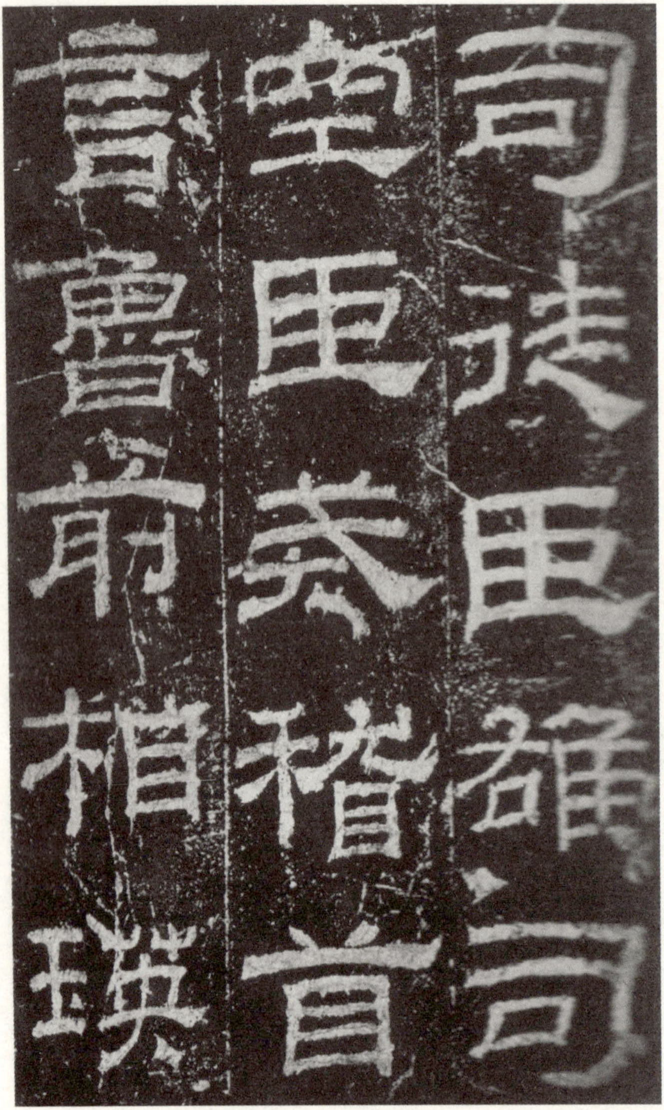
司徒臣雄司
空臣戒稽首
言魯前相瑛

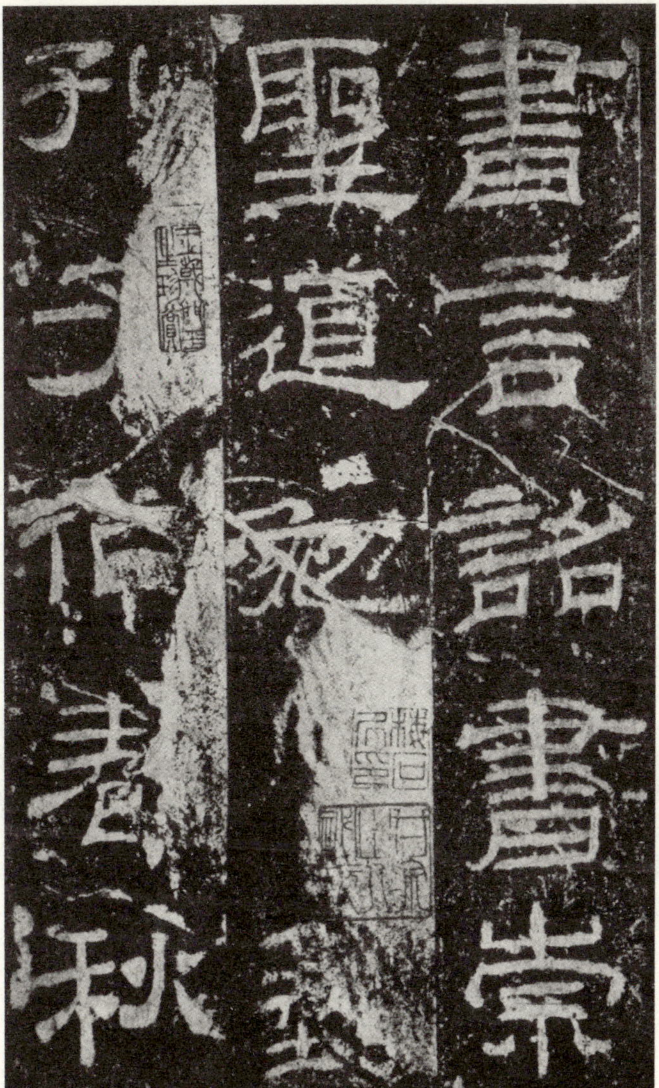

【乙瑛碑】局部

前人所记很不一致。欧阳修在《集古录跋尾》中称之为《鲁相置孔子庙卒史碑》，赵明诚在《金石录》中则称《汉孔子庙置卒史碑》，洪适在《隶释》中称为《孔庙置百石卒史孔就碑》，郑樵在《通志略》中则称《司徒吴雄等奏孔庙置卒史碑》，此外也有称《鲁相乙瑛奏置孔庙百石卒史碑》，简称为《乙瑛碑》。这些其实都是同一碑的异称。最有趣的是清代的孔尚任在向康熙皇帝介绍此碑时，称之为《百户碑》，则大概是把“百石”看错为“百户”了。

《乙瑛碑》高 2. 6 米，宽 1. 28 米，碑阳刻隶书 18 行，满行 40 字，其中第 8 行“制曰可”的“制”字抬高一字。无书人姓名，但碑阴北宋时刻有楷书“后汉钟大尉书。宋嘉佑七年张稚圭按图题记”字样。按张稚圭所说“钟太尉书”实际上是没有根据的。所称“钟太尉”大约是指钟繇，但钟繇生于桓帝元嘉元年(151 年)，此碑刊于永兴元年(153 年)，钟繇才虚龄三岁，是不可能写这块碑的。因为钟繇后来是著名书法家，唐代的张怀瓘在《书断》中称他“隶行入神八分，草入妙”，大概是因为此碑书法精妙，所以就附会钟繇写的，并以此抬高身价。其实这是不必要的。东汉的许多碑刻，很多没有书者姓名，但由于书法精妙，并不碍其为名碑。且钟繇的官职不是“太尉”而是“太傅”。

隶书，原意是“徒隶之书”，开始是通行于徒隶及民间的一种较篆书为省易的书体。它始起于战国末年，在秦代虽然有李斯奏同文字，并整理出一套较为规范化的小篆，但由于篆书书写不便，所以除了皇帝出巡在各处所刻的如《泰山》、《峄山》、《琅琊台》等刻石及诏版外，日常使用的书体还是隶书，这可以从近年出土的大量秦代简犊中看出。所以隶书自战国末年起，到东汉的桓帝及灵帝时代，已经有四百多年历史了。经过长时期的使用，此时的隶书已经达到非常成熟的地步，传世的一些著名汉碑，大多建于这一时期，有的日逸秀丽，有的方峻刚劲，千变万化，各具姿态。

《乙瑛碑》是由于曲阜孔庙第一次有了由皇帝核准的掌管礼器和祭祀的专职官员，这对孔庙来说，是一件大事，所以郑重其事地立了这块碑，以垂永久，当然是由一位书法高手来书写的。此碑书法在风格上是趋于严谨端庄的一路，这是和它的内容相称的。但从它的用笔来看，变化很多，书写前虽然打了格子，每个字也都处于界格以内，但其笔势却不为所缚，左顾右盼，神态飞扬。用笔方圆兼具，粗细间隔，极富变化，于端庄凝重中却又流露出一种潇洒俊逸的神态，这是极为难能可贵的。可见此碑的书写者虽非钟繇，却是比钟繇还要老一辈的书法高手。翁方纲称此碑为“骨肉均匀，汉碑之最”，是很有道理的。

镇馆之宝

华东博物馆

安徽省

An Hui

皖江文化自先秦以来，从未中断，源远而流长。皖江文化涌现出大量文化世家，有的绵延数代，名人辈出。由于移民和交通的便利，皖江文化开放程度高、创新意识浓、文化辐射力强，在许多方面其部分文化内容从区域文化范围上升到主流文化圈。14 世纪，成千上万的新移民拥挤于古南岳下，面对浩淼的长江，围江造堤，兴水利，筑良田，造房舍，建圣殿朱子祠，履朱学，睦土著，而信任，而通婚。17 世纪，桐城派朱书云："吾安庆，古皖国也……神明之奥区，人物之渊薮也。然元以后至今，皖人非古皖人也，强半徙自江西、浙江，其徙自他省会者错焉，土著才十一二耳。"民众的性格气质决定了城市特性和文化特征。徽州文化是新安江上源的山区文化，淮河文化是淮河流域的平原文化，皖江文化则是有山有水的文化。文化品格上各有不同，徽州文化，凝重厚实，遗存多积淀厚；皖江文化，飘逸空灵，感染强唤性强，文学艺术卓著。

皖江文化有文以载道和经世济用的价值取向。汉末、唐宋和近代芜湖开埠，皖江地区分别有过三次大开发，重利实惠的商业氛围使皖江地区的文化人士清醒地认识到，经济乃国家命脉，苍生所依。自明清以降，外贸的刺激和商品经济的发展，近代西方资本主义生产方式和经济贸易的进入，使皖江人的重商求利意识一往无前。

安徽博物院

鄂君启节

【战国　镇馆指数★★★★★】

我国的符节制度起源甚早，传世及出土的不同时期的虎符也屡见著录，但“节”的实物从所未见。1957 年出土于安徽寿县邱家花园的“鄂君启节”，是我们目前所能见到的时代最早，保存最完好的铜节实物，因此弥足珍贵。

“鄂君启节”是楚王发给受封于湖北鄂城的鄂君启的水陆通行符节。青铜铸造，形似剖开的竹节。正面阴刻细

【鄂君启节】

线8条，将节面分隔为9行，象征编缀的简册。同时出土的铜节共5件，可分为两组：甲组现存2件，是舟节，为水路通行证；乙组现存3件，是车节，为陆路通行证。舟节长31厘米，车节长29.6厘米，均有错金铭文。

由铭文可知，此节铸于“大司马邵阳败晋师于襄陵之岁”。邵阳即昭阳，《史记·楚世家》记载，楚怀王六年，楚国上柱国昭阳破魏于襄陵。因此，楚怀王六年，即公元前323年，是此节铸造的准确时间。铭文中还详述了楚王颁发此节予鄂君启的种种规定，如从事商业贩运所允许的车船数量；指定商队通行的水陆交通路线；装运货物的具体规定及征收关税的条文。从这些规定看，楚国的封君仍然享有种种特权，如凭此节可以享受免税的优惠等。另一方面，楚王又对封君从事商业的规模，时间、范围、货物种类(不得贩运军用物资)等进行了严格限制，反映了战国时期王权的加强。

据《周礼》记载："门关用符节"。"山国有虎节，土国用人节，泽国用龙节，皆以金为之；道路用旌节，门阀用符节，都鄙用管节，皆以竹为之。"以竹为之的符节，由于"鄂君启节"的出土而得到了证明。根据甲、乙两组铜节的尺寸，如果每组5件即可拼合成一个完整的竹筒形。所以这两组铜节，可能各有5块，合而为一，分而为5，部分在持节人手中，部分在楚太府之内，以备勘验。其后的典章制度中，有符节数用五和十的说法，如："金虎符第一至第五，竹使符第一至第十"。"鄂君启节"每套5枚，两套也合共成10枚，可见这套符节制度至少在战国时期已经初步建立。

"鄂君启节"因是由楚王所颁，楚工官督造，且因其特殊用途，必需严防伪造，所以制作精工，金碧辉映。

金节形制的峻整和错金文字的精美，反映出楚国当时的手工业在冶铸方面的特殊发展和高度技巧。“鄂君启节”的文字圆润秀劲，笔势匀称，端整严谨，在战国金文中别具一格。它兼具了战国玺文、帛书和竹简文字的特点，较诸以上几种文字尤为清晰完整，是我国错金铭文中文字最多，且书法精美的青铜器，也是我国古代书法艺术宝库中的瑰宝。

铸客大鼎

【战国　镇馆指数★★★★☆】

寿县，古称寿春，是楚国最后一座都城，历时 19 年，地下埋藏文物丰富。1933 年，寿县发生旱灾，地方联保主任和保长发动百人挖古墓，取宝卖钱救灾。结果挖出 3000 多件古物，运到南京、上海去卖，经鉴定皆为战国青铜器。可是，老百姓辛辛苦苦挖的宝，并未得到好处，卖得的钱却被地方当官的瓜分了。当地绅士又组织群众偷偷再挖，结果又挖出数百件古物，楚“铸客”大鼎就是这次偷挖出土的。由于器物庞大笨重，一时难以搬运，被安徽当

【铸客大鼎】

地政府发现，运到当时的省会安庆收藏。

楚大鼎上有 12 个字铭文，开头为“铸客”二字，因此叫“铸客大鼎”，又因为它是楚国重器，习惯上也称之为“楚大鼎”。大鼎平口折沿，束颈，腹微鼓，圆底，三蹄足。口沿外侧置两附耳外撇。腹上部饰一周突起的圆箍，箍上饰蟠螭纹，双耳和颈部饰菱形几何纹，足根部浮雕漩涡纹。口沿上有铭文 12 字:“铸客为集瞧佀瞧睘豚瞧为之。”

其中有 6 个字无人能识诸家释读都有分歧。前足膝部和左腹外壁下有相同的铭文，疑为“安邦”二字。此鼎造型宏伟壮观，是目前发现楚鼎中的最大者，不愧为楚国的重器。

鼎是古代炊器，相当于现在的锅，用以煮肉。在商周奴隶社会，青铜鼎曾被奴隶主贵族用来“别上下，明贵贱”，视为统治阶级权力的象征，继而发展成为供国君或贵族使用的礼器。而铸客鼎未见使用痕迹，显然是礼仪的象征。铸客鼎的发现，为研究楚文化提供了珍贵的实物资料，具有极高历史、艺术和学科价值。

铸客大鼎是我国目前已出土的第二大国宝青铜鼎，大小和重量仅次于司母戊大方鼎。今天，铸客鼎（楚大鼎）及中国古代青铜文化，在世界文明史上，有重要的地位。

楚立国八百年，历经多次迁都，清人王鸣盛曰：“楚都有五：丹阳，郢，鄀都，陈城，寿春”。寿春是楚国最后的都城即今天的寿县。春秋时，楚国势力逐渐转向东方扩展。穆王四年（前 622 年），楚灭六、蓼，后又灭舒入巢，楚文化开始进入江淮地区。庄王时，楚令尹孙叔敖造芍陂（即今安丰塘），加速了此地经济的增长，从而为楚文化的发展创造了条件。怀王时（前 328 — 299 年），楚已据有两淮地区，楚文化的影响日益扩大、加深。考烈王元年（前 262 年）此地为春申君黄歇的食邑。在黄歇的积极经营下，建筑、熔铸、农业等得到了较好的发展。考烈王二十二年（前 241 年）楚徙都寿春，寿春的地位发生了巨变，使寿县很快成为拥有数十万人口的大都会，是楚国后期政治、经济和文化中心。

蔡侯莲瓣盖铜方壶

【春秋　镇馆指数★★★★☆】

壶，是盛酒器，这件蔡侯申铜方壶是方形铜壶，它造型独特，设计精巧，侈口长颈；壶的腹部呈圆形，装饰繁缛的蟠虺纹，并有十字界栏；铜方壶两耳为兽形衔环，四兽作足，装饰华丽。盖顶采用中原流行的样式，设计成镂空的莲瓣形，清新盎然，壶颈内壁还有六字铭文：为蔡侯申作器。

蔡国是西周时期周武王的弟弟叔度的封国，后因叔度参与商朝后裔武庚的叛乱，被周公流放。周成王时改封叔度的儿子蔡仲于此，建都上蔡。春秋时期蔡是小国，处于

【蔡侯莲瓣盖铜方壶】

吴、楚之间，经常受到楚国的胁迫，多次迁都。蔡平侯时迁都新蔡（今河南新蔡）；蔡昭侯时迁都州来（今安徽凤台），称下蔡。随着楚国的日益强大，蔡国已无力与楚国抗衡，最终于公元前 447 年为楚国所灭。

蔡是周文化在淮河流域的代表，但是自春秋中期以后，蔡国逐渐被楚国控制，其文化面貌受楚文化的影响越来越多，器物的造型和装饰也多为楚国的风格。这件方壶的造型和装饰基本与楚器相同，而其莲瓣盖样式则是受到三晋风格影响的结果。

1955 年 5 月发现的安徽寿县蔡侯墓中，共出土器物计 584 件，包括玉器、骨器、金饰片、漆器等，其中青铜器 486 件，这件蔡侯申铜方壶就在其中，它陪伴着蔡侯申在地下长眠了 2446 年。此墓的发现是 20 世纪 50 年代的重大考古发现之一，出土的青铜器有 486 件，其中有铭文的 60 余件，这些铭文是我们研究蔡国历史的珍贵文字资料，填补了史料记载的空白。同时，这些青铜器制作精美，品种丰富，时代明确，成为判断春秋晚期青铜器的标尺。

龙虎四环铜鼓座

【春秋　镇馆指数★★★★★】

1980 年在安徽省舒城县孔集出土了一件龙虎四环铜鼓座，作为架鼓用的底座，口沿有虎首和龙盘绕一周，十分威严。虎竖耳，怒目圆睁，张口作吼啸状。龙独角上翘。器身满饰蟠虺纹。外壁饰四个衔环铺首，并铸有铭文两周，上周约 98 字，下周约 52 字。古代文献记载龙为水族之长，虎是山兽之君，龙虎集于一身，显示出此鼓具有至高无上的权威。击鼓发声，似乎是龙吟虎啸。鼓座形体巨大，同类器罕见。器身满饰蟠虺纹，线条流畅。鼓是用于战争、

【龙虎四环铜鼓座】

祭祀乐舞等活动的乐器。《国语·吴语》中有："载常建鼓，挟经秉枹，万人以为方阵。"从水陆攻战图像上看，建鼓作为军乐器，常与铙共同使用。

铭文记载这件鼓座是钟离国器物。关于钟离国的记载，史料匮乏。《史记·秦本纪》作"终黎"，嬴姓之国。一般说来是在西周的时候，由伯益的后代受封而建立，是西周、春秋时代的诸侯国之一，国君为嬴姓。春秋时期被楚国所亡。但在安徽，钟离国的传说在凤阳、舒城都有。凤阳的钟离城至少有2600年的历史，是安徽省现存最完整的春秋古城遗址。史书载，周代在此设方国钟离子国，春秋时位于吴楚之间，被两国反复争夺，最后归楚，直至战国末期。钟离城自建至弃，沿用时间长达1200多年。

武王灭商后，分封天下，一些非周王室的贵族家族也获得封爵，如商朝贵族伯益的后代，就被分封在钟离国，后迁至今天的凤阳县境内。两周时期的江淮之间有史可查的诸侯国数目很大，单安徽省境内有十余个。北有钟离国和今长丰县一带的虎方国，南有巢国、桐国、舒国，西有六国等。这十余个小诸侯国面积不大，但相当富庶。钟离国属于徐国的分支，而徐又属于东夷的一支。公元前522

年，伍子胥全家被楚平王冤杀，伍子胥一人过昭关到达吴国，成为吴相。接着，他向楚国的复仇计划开始，不断进攻楚国。前518年冬，楚国联合越国水师夹攻吴国，取得小胜，二国庆贺之后，楚王坐船去圉阳了。吴军紧紧追随，直到楚边境，而楚守军没有戒备，吴军突然袭击，获得大胜，顺手消灭了巢、钟离这两个楚的附属国。最终，伍子胥率军攻破楚都，鞭楚平王之尸。

近年在蚌埠发现了双墩一号墓，其独特的圆形形制及许多难以解释的奇特现象，引起社会人士及专家学者的广泛关注。经过文物专家的整理修复，这个墓葬中出土9个编钟上的铭文显示告诉我们墓葬主人就是钟离国国君——柏。所以说，双墩一号墓出土的编钟是继龙虎四环铜鼓座之后出土的又一钟离国文物珍品。

景德镇窑青白釉注子温碗

【宋　镇馆指数★★★★☆】

五代时已盛行注子、温碗，宋墓出土青白瓷器物中有不少注子、温碗，其造型多仿金银器，瓜棱形器身比较常

【柱子温碗的使用历史悠久】

【景德镇窑白釉注子温碗】

见。这种器具使用时将注子置于温碗中，温碗内盛热水用以温酒。南方瓷窑普遍烧制注子、温碗，其中以景德镇制品最为精美。除这组器具之外，1963年安徽省宿松县宋墓也曾出土一组青白瓷注子、温碗，都证明两种器物是配套使用的。因为注子、温碗是配套使用，所以要求两者器形谐调一致，如瓜棱形注子必配以瓜棱形温碗，莲瓣纹注子必配以莲瓣纹温碗。青白瓷又叫影青瓷，宋代影青窑的主要产地是今江西省景德镇，江西其他地区及安徽、福建、广东等地也烧制影青瓷。当时，景德镇的产品主要是各类民间日常生活用具，其中食具、酒具较常见。这件带温碗的酒注，是烫酒器皿，通常由酒注和温碗配套组成。

温碗为高圈足深腹莲花形，各莲瓣间的边沿连以刻划的缠枝花卉，圈足外环贴覆瓣莲花。酒注置于温碗中，为与温碗相配合，酒注通体也作六瓣瓜棱形。直口广肩，口部套以筒形盖，盖顶塑一蹲狮。瓶颈下饰贴花覆莲纹一周，肩部微折，高度约与碗口平齐，流柄对称，位于肩的上部。注与碗的上下组合和整个花纹图案设计，协调完美，胎质细腻，釉色明澈温润，青素淡雅，是一套精美的生活用器。构思巧妙，制作精致，是景德镇窑青白瓷中少见的佳作。南唐画家顾闳中所作《韩熙载夜宴图》，画了两件注子，形制与此基本相同。根据出土墓志记载，此墓葬于北宋元佑丁卯(公元1087年)。此温碗注子1963年于安徽宿松洛土村北宋墓出土，同时出土的还有瓷器和金银器等100余件。此为一组盛酒、温酒的用具。注子直口，带盖，弓形柄，细长流，圆肩，鼓腹，腹部刻莲瓣纹，器身似含苞待放莲花。

我国古代不仅有饮凉酒的嗜好，也有喝热酒的习俗。一般来说，给酒加热有两种方法，一是直接将酒瓶放置炭火之上加热，如河南巩义市出土的宋代厨娘温酒图；二是用温碗注子给酒加热。按宋代的饮酒习俗，是将盛满酒的注子放入温碗之中，碗内加注热水，用以温酒，然后斟入台盏或杯中饮用。由于碗内的热水可随时更换，因此使用这套酒器可以达到时刻保温的目的。在宋代，使用如此成套温酒器来温酒的习俗颇为流行。南方瓷窑多有烧造，除安徽外，在江苏、江西、浙江等地的宋墓中多有出土，北方如河南禹县白沙宋墓壁画、洛宁乐重进石棺画像中均绘有形制与之相近的成套酒器；内蒙、辽宁等地辽墓中亦有出土。

剔犀如意云纹漆盒

【元　镇馆指数★★★★★】

剔犀是雕漆的一种，是用两种或三种色漆拼成，再施雕刻。具体的做法是在胎骨上先用一种色漆刷若干道，积成一个色层，换一色漆再刷若干道，如此轮番有规律地由不同色层积累到一定的厚度，然后用刀剔刻出云钩、回文、剑环、绦环等图案，在刀口断面显露出不同的色层。整齐对称而又回婉流畅，色调鲜明而又古朴典雅，乃其特色。由于所用图案云纹占多数，故或名之曰“云雕”，传到日本，则有“屈轮”之称。

剔犀的出现不会晚于唐代，惟实物有待发现。宋代尤其是南宋墓葬已有多处发掘出不同的器物，而到元代则达到了历史高峰。我们作出上述结论的根据，是已出土的南宋实物，其用料之精良，工艺之完美，都不及元代张成所制的一件剔犀圆盒。

明代剔犀大为流行，但其最佳者也难与此盒媲美，到清代则更为逊色了。元代剔犀如意云纹漆盒 1956 年由安徽省屯溪张新吾先生捐献，现珍藏于安徽博物院，为传世精品，通盖高 6. 5 厘米，径 14. 5 厘米，盖、底各雕云纹

【剔犀如意云纹漆盒】

三组，堆漆甚厚，丰腴莹润，古拙可爱。刀口深几达一厘米，在黝黑峻深的断面，露出朱漆三层，每层相隔约二毫米。盒底足内光素，漆呈紫黑色，近足边缘针划“张成造”三字的署名方法。是传世不多的元代名家雕漆珍品。

张成和杨茂是两位元代工艺美术大师，雕漆巨匠。他们的作品出神入化，尤其是雕漆中的剔红技法达到了顶峰，代表了元代漆技作品的最高水平，且对后世漆器的制作产生了深远的影响。这些作品与当时景德镇的瓷器并驾齐驱，不仅丰富和美化了人们的生活，而且促进了 江南市镇的经济发展。

马鞍山市博物馆

季札挂剑图漆盘

【东吴　镇馆指数★★★★★】

中国绘画史，上下五六千年，一脉相承，丰富多彩。三国绘画，在中国绘画史上，上承秦汉注重写意之神韵，下启魏晋南北朝趋于写实和写生之新风，特别是由于佛教的传入，寺庙佛画的兴起，名家辈出。然而，岁月推移，时过境迁，这个历史阶段的绘画资料相当贫乏，实物遗存几乎空缺，文字记载也相当简略，甚至连摹制品也不见。

【季札挂剑图漆盘】

因而，每当谈及三国的绘画艺术，总令人感到茫然。

1984 年 6 月，安徽省文物考古研究所在马鞍山市发掘了东吴右军师左大司马朱然的墓葬。该墓出土了一批精美漆器，其中漆器上的漆画，填补了中国绘画史上的一个缺环。

季札挂剑图漆盘，盘径 24. 8 厘米，边缘饰夔金铜扣。画面可以分成三个部分，盘心上为主题画，主题画外有两周环形装饰画，盘沿一周绘狩猎图；盘沿与盘心间绘游鱼、荷花、水禽啄鱼及童子摸鱼等水中图像。其艺术特色是写意与写实相结合，在新的写生技法中，蕴含有浪漫的气息，它代表了这批漆画的独特风格。

季札挂剑的故事发生在春秋时代，事见《史记·吴太伯世家》。季札是吴国公子，一次出使北方，路过徐国，徐君很喜欢季札的佩剑，而未便启口。季札也心知尚未完成使命，而未能献赠。待其北使返回，徐君已逝，季札亲至徐君墓前祭祀，毕解剑挂于徐君墓前树上而去。从者不解地问：徐君已死，赠彼何用？季札说：先内心已诺，怎能因其死而违背自己的心意呢？

盘心的主题画就是画的季札在徐君墓前挂剑致祭的情景。画面上，左方画一土象，墓前有一棵树，树上挂一剑。季札身着红袍，神情哀惋悲枪，正在哀悼徐君。身后两从者正在对话，恰如其分地表达了对季札此举不解的神情。画面上部山峦中也有两人相对，似表现季札与徐君往昔交往的情景。画师在山前简单点画了几笔浮动的去气，既巧妙地把平远的山和虚无缥缈的天地交待出来，又表明了时空上的界限。面面的下部，平添了两只野兔在坟前逐戏，既给画面做了补白，也为肃穆的气氛和冰凉的坟地增添了生气。

再看那盘沿与盘心之间的水中图景，流畅而活泼，富有民间风情的韵味，水中的游鱼姿态万千，生动逼真。鱼背涂深灰色，鱼腹涂金色，深灰与金色之间用淡薄的浅灰色作为过渡色，以色彩晕染的明暗变化，表现出了鱼的立体感。最后，用劲细的燕色线条，准确地勾勒出鱼的外形轮廓、鱼鳞、鱼鳍及鱼身上的斑纹。这种纯熟的写生技巧和色彩晕染的技法，使所绘鱼的形象逼真，呼之欲出，具有强烈的立体感。

在用色方面，也表现了作者炉火纯青的艺术修养。盘心的主题画与盘沿一周的狩猎图，是以黑漆为地；而介于这两者之间的一周水中图景，是以红漆为地。这样，在同一盘中，形成黑红相间的不同地色，产生出强烈的对比效果。人物故事主题画以黑漆为地，人物的颜面和手均以金漆平涂，再以黑漆勾出五官和发型。人物的袍服也用红漆平涂，再以黑漆勾出轮廓和衣纹，而灰绿色衣着则以红漆勾画。山石以红漆或灰漆涂出形状，内中留出几点黑地，现出了山石的凹凸。作者大胆地用漆色直接造型，物象边缘不勾轮廓线，有如中国水墨画的没骨写意画法。相传中国画技的没骨法为南朝梁代著名画家张僧繇所创。从这件实物来看，没骨画法的出现比传说的要早两三百年。

从构图的总体上看，作者的艺术构思之妙，亦令人拍案称绝。盘心主题画风格庄严沉稳，而其外的两周装饰画却是活泼多姿，狩猎图其活动方向与水中图景的运动方向是逆向的，这就衬托出了盘沿旋转的高速度。同时，那水中图景比较缓慢的旋转又成为盘心与盘沿、极静与极动两者之间的自然而舒缓的过渡。将这三部分的构图作为一个整体来看，是庄重与活泼，静与动的巧妙交融，收到了相辅而相成的艺术效果。

总之，这幅漆画代表了三国时期出现的一种清新的风格，与稍早一些时候的深沉宏大、奔放有力的和林格尔汉墓壁画、卜千秋墓壁画、密县打虎亭汉墓壁画等作品风格迥异，作者力求装饰彩绘布局紧凑、色彩明快，给人以美的享受。

寿县博物馆

楚金版

【战国　镇馆指数★★★★☆】

“郢”是先秦时期楚国的都城，最初位于湖北江陵，后几经转移，公元前278年秦将白起破郢，楚王迁至陈城，即今淮安，至公元前241年考烈王又在寿春（今安徽寿县）建都，仍名为郢。“爰”，是楚国的重量单位，一爰即楚制一斤，约250克。楚金币的称呼甚多，首要依据金币上钤刻的文字命名，如郢爰、陈爰、融爰、卢金等，

“盧金”印记金币
战国 公元前475～前221年
The Gold Coin Marked with
the Characters of Lujin
In the Warring States Period (475－221 BC)

【楚金版】

“郢爰”是楚金币中展现时代最早、现在出土最多的一种，因此人们多以它作为楚国黄金货币的代表。从出土实物来看，整版的“郢爰”每件约重250至260克，正符合楚国的量制，正面都刻有排行齐整的“郢爰”印记。

寿县作为楚国最后的都城所在地，楚国贵族将大量的金币也带到了寿春，后来楚国被灭，这些金币也就遗留了下来。1986年2月13日，在寿春城遗址发掘中，只一个地窖就出土了一万零五十五克。所以寿县博物馆的楚金币的藏量是全国最多的。

当初黄金的流转限于上层社会，只在跨国聘请、游说诸侯、国王赠赏、大宗交易时才应用。郢爰是我国最早的原始黄金铸币，其含金量在90%以上，品质上好的可达99%。运用时，依据必要将金版或金饼切割成零落小块，然后穿过特定的等臂天平，称量运用。东汉之前，流行黄金货币，在交易中发扬了极大作用。东汉后，由于白银产量增多，并渐渐成为一种主要的支付手法，模式为银饼或银锭，直至清末银元产生。

中国普遍铸造和运用金属货币，始于春秋战国时代。商品经济的持续飞跃进展，促进了各诸侯国相继铸造金属钱币。春秋时期平常流转的是铜质的贝币（俗称蚁鼻钱）、银质的铲状布币、金质的郢爰等。战国时期流通的货币主要是铜铸币和黄金。铜铸币分布币、刀币、圆钱、贝四种。布币主要流行于韩、赵、魏三晋地区、刀币主要流行于齐、燕、赵三国。圆钱主要流行于周、秦及赵、魏两国沿黄河的地区，铜贝主要流行于楚。楚金币的形制有两种，一种是正方形或长方形的金版，另一种是扁圆体的金饼，前者为多见。金饼上多无印记，有实心和空心两种，形状神似龟。目前我们所看到的楚金币，除极少部分为墓葬出土外，绝大部分来自于窖藏财产。楚金币是一种称量货币，运用时依据必要将金版或金饼切割成零落小块，因此出土的楚金币，大都是零落碎块，大小轻重相差悬殊，况且显著看出曾被切割过的印迹。

皖西博物馆

六山纹铜镜

【战国　镇馆指数★★★★☆】

20世纪70年代，甘肃广河齐家坪和青海贵南承马台的齐家文化墓葬中先后出土了两面铜镜，齐家文化的年代约为公元前2000多年，距今约4000多年，属原始公社的解体时期。由此可见，齐家文化铜镜应属铜镜的初起形式。如果从其流行程度、铸造技术、艺术风格和其成就等几个方面来看，战国、两汉、唐代算得上铜镜发展史上三个最重要的时期。

六安皖西博物馆藏六山纹镜，镜钮呈三弦桥状，有双重圆钮座，座外有六个山字纹，字体瘦削，倾斜度很大。山字中间的竖画甚长，顶住镜缘，每个山字的外框镶有细边，左边细边延长伸至另一山字的底边，形成六出星芒形。底纹以云雷纹为主，并均匀分布着圆形纹饰，可知原来镶嵌有宝石，可知其最初的精美华丽。山字纹镜根据山字的数目可分为三山镜、四山镜、五山镜、六山镜四种，其中四山镜出土数量最多，可占山字纹镜的百分之七十到八十。山字纹镜中六山镜的数量绝少，这枚镜是其中的精品，至今发现数量很少。

春秋战国时期在中国古代铜镜发展史中是一个成熟和大发展的时期，是中国古代铜镜由稚朴走向成熟的过渡阶段；也是铜镜的铸造中心由北开始向南迁移的重要时期。总体而言，战国时期的铜镜特点是形体轻巧，纹饰精致，线条流畅。镜形以圆形为主，偶见方形，多为弦纹钮。纹饰结构从初期的单纯地纹，后在地纹上增添主纹饰，到战国中晚期还出现了透空、金银错、嵌玉、彩绘等工艺的铜镜。到了战国中期，铜镜的种类繁多。铜镜的纹饰也有所变化，如花叶镜中的叶纹镜从简单的三叶、四叶到八叶，还出现

【六山纹铜镜】

了云雷纹地花瓣镜、花叶镜。四山镜的山字由粗短变得瘦削，在山字间配有花瓣纹、长叶纹、绳纹，相当繁缛。还出现了五山镜、六山镜。这时出现的镜类有菱纹镜、禽兽纹镜、蟠螭纹镜，连弧纹镜、金银错纹镜、彩绘镜等。

铜镜艺术发展史是一部工艺美术史，又是一部精神文化和物质文化的发展史。铜镜艺术是工艺美术的一种，也是和社会生产有直接关系的物质文化之一。它伴随着从未间断的中华文明一路走来，反映了不同朝代人们对美的基本认识，是我们了解先民精神世界的窗口。

镇馆之宝

华东博物馆

福建省

Fu Jian

正如黄河是华夏民族的摇篮，长江是中华民族的命脉一样，闽江是福建的母亲河。闽江滋育了千万年来的福建，她深厚的历史文化千万年来不曾被遗忘。

远古闽地的祖先是怎样进入闽地繁衍生息的？《福建通史》记述了这样的考古发现：石器时代也即闽地的早期，闽地人类活动集中在沿海江口，“贝丘文化”遗址像昙石山遗存等，多在沿海江口一带；但是到青铜器时代，大量的印纹硬陶和青铜器物几乎都在闽西北出土，大型的商周墓葬群也在闽北的光泽、浦城、建瓯等地现世，闽江头的“山地文化”这时处于福建的领先地位，因此《福建通史》说“传统认为福建文化发源于闽北”。闽江揭示出这样的闽地文化走向：古闽文化滥觞于滨海江口，顺河道西渐北上，于江河上游的闽西北山地成熟为古闽文明。

一条大江的历史，就是一个地方的文明发展史。江河在今天不显得特别重要，但在古代很重要。在不发达的古代，有江河的地区经济文化就会比较发达。因为古代江河就是公路，江河就是人脉。闽江首先是军政的脉跳，从最初的古闽方国，到嗣后入闽的越人组建的闽越国，到后汉人入闽组成的政权，都以闽江为战略通道和城镇要津，并把闽江之源的首府推向全闽而最终形成“八闽”；闽江其次是民生的脉跳，“民间日用之物并糊口贸易”皆仰赖于她，因此古代闽江，到处是白帆点点，闽江两岸，到处是人气蒸腾的码头。

大江还是海与山的纽带，闽地的先民是依靠这条江而分布生活在闽地上的，而闽地的后人则依靠这条江，把闽地的资源商品源源输向海外，也把独特的闽文化输向海外。在闽江这条母亲河上，我们有挖掘不尽的浓厚文化积淀。

福建博物院

孔雀蓝釉陶瓶

【五代　镇馆指数★★★★★】

从唐末天祐三年朱温灭唐，到宋初建隆以前（907—959年），中国分裂为五代十国。十国之一的闽国，是由河南光州人王潮、王审知兄弟在福建建立的割据政权。王氏兄弟以保境息民为立国方针，劝农桑，定租税，招抚流亡，交好邻国，奖励通商，经济文化一度呈现升平气象。王审知死后，继位人多是暴君。闽国政权前后维持了50

【孔雀蓝釉陶瓶】

余年。这一时期的福建陶瓷手工业，承前启后，其主要窑场，集中于闽都，取得了高度的成就。

刘华系南汉南平王刘隐次女，封燕国明惠夫人。后梁贞明三年（917 年）嫁与王审知次子、闽国第三主王延钧为妻。墓在福州市北郊莲花峰麓，西距王审知夫妇墓约一里。该墓于 1965 年发掘清理，出土陶俑、陶瓷器皿等随葬品。

放置在墓穴前室的 3 件孔雀蓝釉陶瓶，格外引入瞩目，为国内罕见之物，造型作敛口、广腹、小底，状如橄榄。橙红胎，质粗疏。通体上釉，釉厚晶莹，瓶内彩色青灰。一种肩颈部附三耳，外腹壁贴塑三组幡幢状纹饰，下腹部有一道粗绳状的贴塑纹。另一种颈肩附四耳，腹壁环贴四道粗绳状的纹饰。

这种陶瓶的胎釉、造型和装饰工艺，带有强烈的异国色彩，同类的器物在西亚伊朗、伊拉克等国发现较多，是古代波斯的产品，其制作年代大约在 9 世纪前后。王审知执政时期，积极发展海外贸易，“招来海中蛮夷商贾”，“海上黄崎，波涛为阻，一夕风雨雷电震击，开以为港，闽人以为审知德政所致，号为甘棠港”。这个位于福州沿海的甘棠港，开辟了远至东南亚等地的航线，“佛齐诸国，虽同临照，靡袭冠裳舟车罕通，琛贶罔献。亦逾沧海，来集鸿胪”，“帆樯荡漾以随波，篙楫崩腾而激水”，福州城呈现“填郊溢郭，击毂摩肩”的繁荣景象。福州而外，泉州港的对外贸易也很兴旺，王延彬“权知泉州军州事”，前后“历二十六年，吏民安之，每发蛮舶无失坠者，时谓之招宝侍郎”。在频繁的海上贸易活动中，从东南亚以至西亚等国输入了大宗商品，有的供应王氏家族使用，有的则作为向中原王朝的贡品。《旧五代史·梁书·太祖纪》记载：“福州贡玳瑁琉璃犀象器，并珍玩、香药、奇品、海味，色类良多，价累千万。”王审知墓出土的玻璃器、刘华墓出土的孔雀蓝釉陶瓶，显然也是海外输入商品的一部分。

陶瓶置于墓室时，底部以石雕复莲器座固定。由于该墓被盗，陶瓶位置已经被移动，瓶内所贮灯油亦已散失。瓶油的作用是供应点燃灯的，墓内点灯，在古代葬俗中，称为长明灯、长生灯。宋代《秘葬经·辨掩闭骨殖篇》称：“凡墓堂内安长生灯者，主子孙聪明安定，主子孙不患也。墓内安金石者，子孙无风疾之患。”

刘华墓陶俑

【五代　镇馆指数★★★★☆】

刘华墓出土随葬品中，有43件陶俑及陶镇墓神煞俑，最大者高达103厘米。按身份及功用划分，包括王宫人物、宗教人物、神煞俑三类。

女高髻拱手俑头梳扇形高髻，两鬓微露鬓发，发后半周有密集小孔数十个，似插饰物之用。身穿交领广袖衣，抹胸微露，披帛垂臂，衣下开衩露内衣曳地，足着如意云头鞋。唐五代妇女盛行高髻，式样繁多，此类俑的扇形高髻极有特色，未见于其他地域，为闽地仅有。其衣饰较符合唐代“裙襦大袖”制，属贵族命妇礼服。人物身份当为闽国王宫嫔妃。

古代墓葬随葬品，基本有两种类型：一种是死者生前的实用器物，如日用生活陶瓷器皿等；另一种是专门为死者制作的具有象征意义的压胜之物，如陶瓷俑等，称为明器，又称冥器或盟器。《礼记·檀弓》云：“其曰明器，神明之也。涂车灵，自古有之，明器之道也。”

唐宋时期，由于地理堪舆术的风行以及佛教、道教的发展，埋葬制度逐渐趋于规范化，反映这种埋葬制度的，除了正史礼乐志记载的封建国家制定的丧葬等级仪礼以外，朝野共同约定俗成一套体系，其代表作是金元时代成书的《大汉原陵秘葬经》。《秘葬经》所载的明器制度，约在唐代中期以后从中原开始传入福建，当时明器的制作还比较粗糙简陋，也不够完善。五代闽国时期，这种制度又进一步得到发展，刘华墓出土的神煞明器，有蒿里老翁、凶神王人、十二时神、四灵神、墓龙、仪鱼、力士等，配置相当完善，而且制作精工。表明闽国统治者不仅生前豪华奢侈，而且死后也要追求富贵平安，佛教、道教和民间信仰的宗教迷信色彩可谓浓烟弥漫。宗教不仅非常廉价地给了这些剥削者以进入天堂的门票，还让他们妄求一个

【刘华墓陶俑】

锦衣玉食的长生。作为明器神煞的陶俑，形象地展现了地主阶级利用宗教进行政治统治的现象。

刘华墓出土的陶俑，采用泥土制作，陶土经过淘洗炼塑，掺入少量细沙，烧成后呈青灰或橙红色。俑的制法是头、身及细部分别捏塑制成粗坯，安装接合在一起，再经修理细雕入窑烘烧。大、中型俑都是空心的，头顶及背部挖一个圆孔；小型俑全为实心，有的也在背部挖若干圆形小洞。为烧成时防止因窑温变化产生的热胀冷缩的爆裂现象，窑内的火候控制是相当有节奏、很成功的，基本上没有变形。所有陶俑烘烧过后所绘之彩绘，大部分已经脱落。一般面部抹白粉，底加黑彩或贴金，边缘加绿彩，发髻涂黑。装饰作风比较朴实，不作大红大绿涂染。

工艺最为出色的是造型，根据人物的身份地位特别表现不同的形态神情。雕塑手法完全继承了中原地区盛唐以来的写实作风，人物面部圆满丰腴，肌肉肥胖，五官端正，体态比例准确

【刘华墓陶俑】

严谨，发式衣冠线条流畅。有的衣褶稠叠贴体，似曹衣出水的风致；有的袖带疏朗飘举，略含吴带当风的韵味。脸部的眼神表情，举手投足，皆以线条刻划得栩栩如生。嫔妃俑的雍容尊贵、道士俑的虔诚肃立、文吏俑的端庄持重、奴仆俑的谦卑诙谐，无不淋漓尽致。灵异类的神煞俑，则采用夸张手法捏制成型，富于浪漫的想象，在重要部位如头部眼睛等加以渲染，突出仙怪荒诞色彩。陶俑的身部，有的刻划“福”、“黎”等字，可能是陶工的姓名；有的刻“四”、“六”等数字，可能是排列的序数。

紫灰色镶花边褙子

【南宋　镇馆指数★★★★★】

南宋绣品各地出土较多，而以1975年福建福州黄升墓出土绣品为最集中。花纹以花卉为主，杂以小的蝴蝶、蜻蜓、鱼藻纹等。刺绣技法，形式多变。如78号蝶恋芍药刺绣花边上的4只蝴蝶，神态不同，针法各异。第一只蝴蝶的须为接针绣，翅为铺针绣，后用齐针绣出圆形斑纹，再用钉线绣出轮廓。第二只蝴蝶的须同第一只，大翅为铺针绣，后用齐针绣出桂花形斑纹，小翅则用斜缠针绣出月牙形斑纹，在大小翅的交界处用擞和针装饰。第三只蝴蝶的翅为抢针绣，中间色略深，前后用浅一色的线抢针绣，在中间深色的翅翼上压擞和针绣。第四只，大翅为铺针，后用压针网绣绣出网状纹，小翅为铺针，后用齐针绣三个椭圆形的斑纹。4朵芍药花瓣繁复，枝叶分布周围，配合得体，针法以铺针和齐针为主，亦有斜缠针法，绣面显得淳厚丰满，达到了形象真实的艺术效果。棕地金荼縻绣花边。罗地，花和花托用罗织物劈成纹样贴上，四周用色梗线钉绣法绣出轮廓。叶采用染色绵纸剪贴，钉金绣出轮廓。花芯为结子绣，花茎为辫绣。花叶中空部分为填彩。褐色花绫夹衣镶花边绣。花叶用钉金勾边，花瓣用斜丝理齐针绣，叶梗为辫绣，花芯为打子绣。各按内容、用途不同要求，灵活运用多种针法。

宋宗室赵与骏与原配黄昇和续娶李氏合葬墓出土的354件丝绸品堪称国宝级纺织珍品，为学者研究宋代服饰提供了重要参考，同时也印证了宋元时代福建、泉州丝绸技术的高超。

宋代的褙子为长袖、长衣身，腋下开胯，即衣服前后襟不缝合，而在腋下和背后缀有带子的样式。这腋下的双

【紫灰色镶花边褙子】

带本来可以把前后两片衣襟系住，可是宋代的褙子并不用它系结，而是垂挂着做装饰用，意义是模仿古代中单（内衣）交带的形式，表示“好古存旧”。穿褙子时，却在腰间用勒帛系住。宋代褙子的领型有直领对襟式、斜领交襟式、盘领交襟式三种，以直领式为多。斜领和盘领二式只是在男子穿在公服里面时所穿，妇女都穿直领对襟式。关于褙子的名称，宋代还有一种说法，认为褙子本是婢妾之服，因为婢妾一般都侍立于主妇的背后，故称褙子。有身份的主妇则穿大袖衣。婢妾穿腋下开胯的衣服，行走也较方便。宋代女子所穿褙子，初期短小，后来加长，发展为袖大于衫、长与裙齐的标准格式。

明代妇女的服装，主要有衫、袄、霞帔、褙子、比甲及裙子等。衣服的基本样式，大多仿自唐宋，一般都为右衽，恢复了汉族的习俗。其中霞帔、褙子、比甲为对襟，左右两侧开衩。成年妇女的服饰，随各人的家境及身份的变化，有各种不同形制。普通妇女服饰比较朴实，主要有襦裙、褙子、袄衫云肩及袍服等。明代背子，有宽袖背子、窄袖褙子。宽袖褙子，只在衣襟上，以花边作装饰，并且领子一直通到下摆。窄袖褙子，则袖口及领子都有装饰花边，领子花边仅到胸部。

德化窑文昌坐像

【明　镇馆指数★★★☆☆】

何朝宗是位于福建泉州的德化窑瓷塑的代表人物，他主要活动在明朝嘉靖、万历年间。何朝宗非常注重自己作品的艺术性，不是成熟的作品，绝不轻易烧制，所以何朝宗的传世作品较少，作品以达摩、观音、罗汉等佛教人物居多。何朝宗的作品，非常强调对人物神情的刻画，他经常把人物放在特定的环境中以表现主题，例如他的《达摩渡海像》，达摩被置于一片汪洋大海之上，双手合抱在胸前，双眸深邃，凝视远方，东渡弘法的抱负和决心，被艺术家表现得恰如其分。同时，以何朝宗为代表的德化瓷塑艺人，吸收了历代雕塑的长处，特别是继承了唐代表现佛像艺术的绘画风格，使得塑造的观音、达摩等造像很有唐代的韵味，形象既端庄肃穆，又平易近人，富有人情味。

福建博物院收藏的明代德化窑文昌坐像，坐像背有阴文

【德化窑文昌坐像】

“何朝宗印”篆书款，可知是出自何朝宗之手。胎质洁白细腻，釉色乳白。文昌正面端坐，眉目清秀、神情庄重。这件坐像充分体现了传统雕塑“传神写意”的长处，微妙地表现人物的内心世界，富有神韵。在注意人物内在表现的同时，着意外表的衣纹刻划，线条清晰、简洁、潇洒，多变化，柔媚流畅，翻转自然，圆劲有力。塑造的形象既有共同特征，又有不同个性，形神兼备，富有艺术魅力。文昌右手执如意，左手扶膝藏于袖内，外穿宽袖袍，腰束带，衣褶线条清晰流畅。这件文昌坐像是德化白瓷中的精品。

文昌帝君为民间和道教尊奉的掌管士人功名禄位之神。文昌亦称文曲星，古时认为是主持文运功名的星宿。后以神仙形象出现而受民间信奉，与道教尊崇梓潼神张亚子有关。元明以后，随着科举的规模化和制度化，对于文昌帝君的奉祀也逐渐普遍。各地都建有文昌宫、文昌阁或文昌祠，其中以四川梓潼县七曲山的文昌宫规模最大。一些乡间书院和私塾也都供奉文昌神像或神位，其间虽时有兴废，但因文章司命，贵贱所系，所以一直奉祀不衰。旧时每年二月初三日为文昌帝君神诞之日，官府和当地文人学士都要到供奉文昌帝君的庙宇奉祀，或吟诗作文，举行文昌会。

沈氏黄漆竹节式瓶

【清　镇馆指数★★★★☆】

我国髹漆工艺有着数千年的历史，福州脱胎漆器是在继承我国优秀漆艺文化的基础上发展起来的，具有浓郁的民族艺术风格、鲜明的地方特色，在我国漆器发展史上占有重要的地位。福州脱胎漆器与江西景德镇瓷器、北京景泰蓝，被世人誉为中国传统工艺的“三宝”。

福州脱胎漆器的首创者系清代福州府侯官县漆艺人沈绍安。沈绍安早年在福州城内双抛桥处开办前店后坊的漆器店。他在修复衙门、寺庙匾额的过程中，受到匾内贮加灰纨裱褙、外髹朱漆制法的启迪，领悟到我国泥塑佛像夹苎的方法，先塑泥为胎，于清乾隆朝中叶推出了最初体空、质轻的脱胎漆器。

福建博物院收藏的沈氏黄漆竹节式瓶，口径 34 厘米，底座直径 38 厘米，通高达 113 厘米。呈不规则联弧形的口沿微微外撇，瓶身仿竹节状，主节粗壮有力，直颈，腹部微微鼓起，节轮清晰，外壁贴附小竹节，部分加饰枝叶。底上有弧形三足，足壁外呈细密颗粒状，生动逼真地表现了竹根的断面。质地黄中泛绿，光滑柔润，是福建脱胎漆器中的精品。

自沈绍安首创脱胎漆器起，其技艺代代族传家承，故又有福州“沈氏脱胎漆器”之称。在沈绍安之后，最知名的是沈绍安第五代玄孙继承人沈正镐、沈正恂兄弟，所制的脱胎漆器作品于清光绪二十四年（1898 年）首次选送参加巴黎国际博览会就崭露头角，荣获金牌。为了纪念先祖沈绍安，沈正镐诸兄弟在他们所制的脱胎漆器底部或其他适当的地方，打上自己的一个名字作记号，前面都一律加上先祖沈绍安的姓名，如“沈绍安镐记”、“沈绍安恂记”。在清末民初，沈氏脱胎漆器供不应求，一件漆器的价位就达七八百块银元，连福州本地亦难得一见沈氏脱胎漆器。

脱胎漆器的制作是先以石膏、木模等制成胎型，以生漆为粘剂，用苎麻绸布逐层裱褙，阴干后脱去原始模的谓之为布坯。它的传统装饰技法有黑推光、色推光、薄料漆，还有彩漆晕金、锦纹、朱漆描金、台花、嵌螺钿等。

福州脱胎漆器的最大优点是光亮美观、不怕水浸、不变形、不褪色、坚固、耐温、耐酸碱腐蚀，最大特点是轻。比如：晚清时的一艘海上沉船 3 年后打捞上岸，其中的沈氏脱胎漆器仍然光亮如初、无损坏、无变形；抗战时期，在美国芝加哥举办的万国商品博览会上，福州沈氏脱胎漆器与日本漆器一起参赛争夺金牌，看外表分不清优劣，待在锅中煮3个小时之后，日本的漆器化为泥浆，而沈氏脱胎漆器仍完好无损；1959年北京人民大会堂落成时，宴会厅门口摆设了一对仿古铜色福州脱胎漆器大狮子，周总理踱到大“铜狮”前面，双手捧起了一只，外宾惊呆了——这正如郭沫若先生诗中对福州脱胎漆器“视之九鼎兀，举之一羽轻”的描写和赞誉。

【沈氏黄漆竹节式瓶】

建武博物馆

鎏金踏莎行银八角杯

【宋　镇馆指数★★★★★】

1980年9月，福建邵武市故县村一处古代建筑基址内，在距地表深约2米处，出土一罐古代窖藏银器。罐为鼓腹带横耳的大罐，底如矮实足，内外施淡绿色釉，器表近底处露紫胎，与宋墓中常见的谷仓罐相似。罐内放置杯、盘、盅、碟、漏勺、箸、钗、镯、跳脱、袖箍等银质器皿和饰品，计140多件。大部分完好如新，光亮可鉴。

【鎏金踏莎行银八角杯】

据《邵武府志》和《邵武县志》等文献记载，故县村在北宋太平兴国四年（979 年）以前为邵武县城，故称“故县”。宋名臣李纲、南宋保宁军节度推官黄忠等的府第都在这一带。这批窖藏银器可能是居住在这里的官僚地主在战乱中仓促埋入地下的。

在这批窖藏银器中，有一件鎏金踏莎行银八角杯特别引人注目。杯高 5. 5 厘米，口径 7. 5 ~ 9. 3 厘米，足径 3. 5 厘米。杯身和圈足均作小八角形，壁为夹层，通体鎏金。内壁口沿下契刻一周卷草纹图案，杯心錾刻《踏莎行》词一首，分 10 行，每行字数不等，计 61 字。全文如下：“足蹑云梯，手攀仙桂，姓名高挂登科记，马前喝到状元来，金鞍玉勒成行队。宴罢琼林，醉游花市，此时方显平生至，修书速报凤楼人，这回好个风流婿。踏莎行。”外壁 8 个棱面上压印凸起的图案，其画面分别表现杯心词意的内容。每个棱面上下边沿分别錾刻卷草、一整二破菱形纹、如意纹花边。杯足錾刻一周卷草纹。此杯现藏福建省邵武市博物馆。

“踏莎行”系词调名，本出于唐韩栩诗句“踏莎行草遇春黔”，又名“喜朝天”、“柳长春”、“踏雪行”。双调小令，58字，上下阕各三仄韵，四言双起，例用对偶。此首词未见于唐宋以来各家词集，仅在明末冯梦龙所编《古今小说》第十一卷《赵伯封一茶肆遇仁宗》和第三十五卷《简帖僧巧骗皇甫妻》中见到，但个别字句有所不同，如杯心所刻“宴罢琼林，醉游花市”，冯梦龙所录作“宴罢归来，醉游街市”。此书校注者在《前言》中认为上述二卷为“宋元旧篇”，当有所本。可能是宋代勾栏茶肆或酒铺说书艺人所填之词，在长期流传过程中，个别字句略作改动，也是较为常见的事。

此词称“姓名高挂登科记”，登科记始于唐代，系指经科举考试合格登第举子的记录，宋以后改称“登科录”，又作“题名录”。下阕“宴罢琼林，醉游花市”，琼林即琼林苑，宋乾德二年（964年）置，在北宋洋京（今河南开封市）新郑门外，与金明池南北相对，为皇帝赐宴新科进士之处，故称琼林宴。宋吴文英有“花底天宽春无限，仙郎骄马琼林宴”的诗句。南宋赐宴新科进士称“鹿鸣宴”，元、明、清改称“恩荣宴”，但都相沿通称“琼林宴”。游花市也始于唐代，当时新科进士要在长安曲江池聚会游宴，叫做“曲江会”，又称“探花宴”，以少年俊秀者二三人为探花使，亦称探花郎，遍游名园，折取名花。孟郊《登科后》中“春风得意马蹄疾，一日看尽长安花”的诗句，正是唐代新进士骑马游花市的生动写照。

这件鎏金踏莎行银八角杯造型优美，采用八角形的崭新的造型，装饰艺术新颖雅致，表现了新科状元功成名就后踌躇满志、春风得意的喜悦心情。这种即词作画的图像，构图生动活泼，边饰卷草、一整二破菱形纹、如意头等传统的装饰图案纹样，使整个器物装饰与造型结合成完美和谐的整体，充分易示出宋代金银器造型精致雅观和装饰艺术上充满诗情画意的时代特色。

此器的制作工艺成功地运用了模压、锤谍、錾刻、焊接、鎏金等工艺，特别是创造了浮雕凸花的新工艺，以浮雕工艺表现人物、亭阁等图案纹饰，使主题突出，立体感更加鲜明。银杯还巧妙地运用夹层技法，给人以浑厚凝重之感。这种工艺在前代银器中未曾发现，具有独特的时代风格，体现了宋代金银器工艺高度的技术水平，为宋代银器中的艺术瑰宝。

参考文献

中国历史博物馆　中国通史陈列．北京：朝华出版社，1998.

彭林　文物精品与文化中国十五讲．北京：北京大学出版社，2002.

首都博物馆　中国记忆：五千年文明瑰宝．北京：文物出版社，2008.

国家文物局　意大利文化遗产与艺术活动部　秦汉罗马文明展．北京：文物出版社．

苏士澍等　大圣遗音．北京：文物出版社，2006.

梁白泉　国宝大观．上海：上海文化出版社，1996.

梁白泉　南京博物院藏宝录．上海：上海文艺出版社，1992.

国家文物局　中国科协　奇迹天工．北京：文物出版社，2008.

马承源　上海文物博物馆志．上海：上海社会科学院出版社，1997.

苏州博物馆　苏州博物馆藏：虎丘云岩寺塔瑞光寺塔文物．北京：文物出版社，2006.

国家文物局　中国文物精华 1993. 北京：文物出版社，1993.

中国国家博物馆　徐州博物馆　大汉楚王：徐州西汉楚王陵墓文物辑萃．北京：中国社会科学出版社，2005.

内 容 简 介

本书是博物馆之旅系列图书“镇馆之宝”的分册——华东卷，按照本套丛书致力于打造大众的第一本博物馆旅游书的主旨进行编写。本书中，作者把上海市、江苏省、浙江省、山东省、安徽省、福建省等省市的博物馆珍藏文物进行分类分级整理，整理过程中兼顾博物馆的级别及文物本身的特色，书中涉及省级博物馆及极富地方特色的地市级博物馆。作者在各级博物馆中精心挑选出镇馆之宝，对镇馆之宝选择的标准就是文物本身要代表我国古代文明最高水准或可体现当地文化发展特色。

本书涉及的区域历史悠久，地域特色浓厚，馆藏文物代表了所涉及区域的历史文化发展进程，亦或代表了该区域的最高文化水平，是读者了解区域文化，走近博物馆的入门书籍。

图书在版编目（CIP）数据

华东博物馆镇馆之宝 / 丁尧编著. —北京：北京大学出版社，2013.9

ISBN 978-7-301-22179-2

Ⅰ.①华… Ⅱ.①丁… Ⅲ.①博物馆—文物—介绍—华东地区 Ⅳ.①K872

中国版本图书馆 CIP 数据核字（2013）第030274号

书　　名：华东博物馆镇馆之宝

著作责任者：丁　尧　编著

责 任 编 辑：张亚丽

标 准 书 号：ISBN 978-7-301-22179-2 / K·0944

出 版 发 行：北京大学出版社

地　　址：北京市海淀区成府路 205 号 100871

网　　址：http://www.pup.cn　　新浪官方微博：@北京大学出版社

电 子 信 箱：pup_6@163.com

电　　话：邮购部 62752015　发行部 62750672　编辑部 62750667　出版部 62754962

印　刷　者：北京大学印刷厂

经　销　者：新华书店

880mm × 1230mm　32 开本　8.75 印张　249千字

2013年9月第1版　2013年9月第1次印刷

定　　价：36.00 元
